INDEPENDÊNCIA DO BRASIL

COLEÇÃO HISTÓRIA NA UNIVERSIDADE – TEMAS

COORDENAÇÃO
JAIME PINSKY E CARLA BASSANEZI PINSKY

CONSELHO
JOÃO PAULO PIMENTA
MARCOS NAPOLITANO
MARIA LIGIA PRADO
PEDRO PAULO FUNARI

Consulte nosso catálogo completo e últimos lançamentos em **www.editoracontexto.com.br**.

João Paulo Pimenta

INDEPENDÊNCIA DO BRASIL

HISTÓRIA NA UNIVERSIDADE – TEMAS

editora**contexto**

Copyright © 2022 do Autor

Todos os direitos desta edição reservados à
Editora Contexto (Editora Pinsky Ltda.)

Ilustração de capa
Jean-Baptiste Debret, *Coroação de D. Pedro I* (1828)

Montagem de capa e diagramação
Gustavo S. Vilas Boas

Coordenação de textos
Carla Bassanezi Pinsky

Preparação de textos
Lilian Aquino

Revisão
Mariana Carvalho Teixeira

Dados Internacionais de Catalogação na Publicação (CIP)

Pimenta, João Paulo
Independência do Brasil / João Paulo Pimenta. –
1.ed., 2ª reimpressão. – São Paulo : Contexto, 2025.
160 p : il. (História na Universidade : Temas)

Bibliografia
ISBN 978-65-5541-126-3

1. Brasil – História – Independência, 1822 I. Título

21-5699   CDD 981.04

Angélica Ilacqua – Bibliotecária – CRB-8/7057

Índice para catálogo sistemático:
1. Brasil – História – Independência, 1822

2025

Editora Contexto
Diretor editorial: *Jaime Pinsky*

Rua Dr. José Elias, 520 – Alto da Lapa
05083-030 – São Paulo – SP
PABX: (11) 3832 5838
contato@editoracontexto.com.br
www.editoracontexto.com.br

Sumário

A atualidade
da Independência

Os professores, estudantes e demais interessados em história que abrirem este livro devem ser advertidos: o passado aqui tratado não ficou para trás. Ele não está parado, "morto" ou remotamente afastado de nós. Ele está vivo, bem atuante no nosso presente e é assim que será aqui abordado: como uma história que é tanto passado como presente. A independência do Brasil é sem dúvida um grande tema: atual, polêmico, rico de possibilidades de interpretação e prenhe de ensinamentos. Seu estudo pode nos dizer muito a respeito daquilo que nosso país foi um dia, mas também nos ajudar a pensar o que ele pode vir a ser.

Na história da independência do Brasil se encontram múltiplos passados, presentes e futuros, e é ela que este livro quer explicar. Basicamente, o seu objeto é o processo de separação política entre um conjunto de colônias até então genericamente chamadas de "Brasil", e sua metrópole, Portugal: as origens dessa separação, suas principais forças e seus resultados mais importantes. Sua história percorre variados lugares, épocas e dimensões da realidade. É a história de um país que não existia no começo do século XIX, mas que passou a existir unificando internamente regiões e em articulação com outras partes do mundo; é a história de um mundo antigo, colonial e tradicional que, aos poucos e sem jamais desaparecer por completo, foi dando lugar a outro, novo, nacional e em muitos sentidos moderno. É também a história de indivíduos e grupos cujas ações, projetos e ideias políticas se misturaram com a cultura e a economia para atingirem a totalidade de uma sociedade que, com a decisiva contribuição da Independência, foi se constituindo como a sociedade brasileira em que hoje vivemos.

Há certo consenso entre os estudiosos de que, de algum tempo para cá – uns 250 anos, talvez um pouco mais ou um pouco menos – a imensa maioria dos habitantes de nosso planeta começou a viver em um mundo frenético, de ritmos rápidos que provocam a sensação de que o tempo está passando cada vez mais depressa. Em meio a essa situação, que pode ser chamada de *modernidade*, o passado foi progressivamente se afastando do presente. Outrora considerado um repositório de ensinamentos úteis – a "história, mestra da vida", como diziam os antigos romanos – cujo estudo forneceria parâmetros de ação no presente, o passado foi perdendo utilidade prática, convertendo-se em um lugar distante, excêntrico, pitoresco, talvez misterioso, no máximo curioso. Coisa de eruditos. Em contrapartida, o futuro foi se tornando cada vez mais incerto, já que seu advento não encontraria correspondência no passado, e por isso mesmo, para muita gente, o porvir virou algo desinteressante ou pouco importante. Nesse conjunto de coisas, típicas desse mundo moderno que estava sendo construído quando ocorreu a independência do Brasil, o presente passou a reinar quase que absoluto.

Quase. Pois certos temas e atitudes desafiam essa hierarquia, fazendo com que, na contramão da tendência dominante, indivíduos e sociedades continuem não apenas se interessando pelo passado, mas também aprendendo com ele. Cada país, sociedade ou tradição possui suas formas específicas de desafiar a modernidade, apresentando temas históricos que a isso melhor se prestam. São temas fincados não só no passado, mas principalmente no presente.

No Brasil, as flutuações dos interesses sociais pelo passado têm suas marcas próprias. Transcorridas já mais de duas décadas de vivência do século xxi, nossa sociedade segue prestigiando tremendamente, por exemplo, a história da escravidão, associando-a diretamente ao racismo, à violência urbana e policial e às desigualdades sociais que assolam nosso país. Outra história, mais recente, a do golpe de Estado de 1964 e da ditadura de duas décadas que ele criou, demonstra igual atualidade, atrelada aos duros avanços e aos persistentes retrocessos na construção de uma democracia no Brasil. Junto a tais agendas, e sem prejuízo de muitas outras, a história da Independência, no contexto do bicentenário de seu mais conhecido marco cronológico – 1822 – também está em cena, disposta a presentificar o passado e, quem sabe, abrir alguma brecha para o futuro. Ela é uma história em construção.

Nova advertência: presentificar o passado significa apenas constatar sua atualidade, e não o submeter forçosamente ao presente. O estudo rigoroso e criterioso do passado só pode ser realizado se as pressões sobre ele exercidas pelo presente forem devidamente controladas. Todo historiador profissional sabe que a primeira abordagem do passado se faz a partir de palavras, ideias, conceitos, imagens, interesses, problemas e necessidades do presente; mas sabe também que, aos poucos, esses dados todos vão se modificando em função de valores e lógicas do próprio passado, à medida que este se torna mais bem conhecido. Como as pessoas e as sociedades viveram segundo seus próprios padrões, e que não são, necessariamente, os nossos padrões? Como elas lidaram com o tempo, com o espaço, e como se relacionavam umas com as outras? Quais eram seus interesses, ideais, medos, temores, esperanças e desejos? Quais eram seus conflitos, como e por que eles foram de um jeito e não de outro e por que terminaram como terminaram? As respostas a tais perguntas só podem ser obtidas segundo as *condições de possibilidade* que permitiam que pessoas e sociedades agissem, pensassem, vivessem e morressem de *algumas maneiras, e não de outras.* Afinal, o que a história podia ser, concretamente, de acordo com os padrões próprios de sua época, diferentes dos nossos?

A presentificação do passado, isto é, sua força para além do passado, não deve ser uma *simples vontade* de quem o estuda, mas sim uma *realidade histórica* a ser constatada e respeitada. A História, como conhecimento, impõe de modo incontornável uma absoluta observância dos valores do próprio passado, e que não devem ser distorcidos pelos valores do presente. Pontos de partida, controlados e momentâneos, não podem se tornar pontos de chegada.

A independência do Brasil não se limitou à separação de um corpo político que, até 1822, era parte do Império Português – e que desde dezembro de 1815 passara a ser chamado oficialmente de Reino Unido de Portugal, Brasil e Algarves. Sua história é também a de narrativas posteriores e de memórias sociais construídas a seu respeito, e que atravessariam os séculos XIX e XX para nos alcançarem no XXI. E a despeito das marcas profundamente inovadoras que fizeram o processo de Independência ser uma verdadeira revolução política inserida em um contexto mundial, muitos de seus efeitos diretos e indiretos implicaram também continuidades e heranças cuja presença se faz sentir em nosso país até hoje.

E assim, nos últimos 200 anos, seja por sua história, por sua historiografia ou por sua memória, a independência do Brasil foi e voltou, ao sabor das circunstâncias. Por que isso ocorreu? Porque a Independência sempre tocou em perguntas essenciais para a compreensão e para a autoimagem de nosso país: o que é o Brasil? Como ele surgiu e como funciona? Quem são os brasileiros? Tais perguntas podem ser sintetizadas em três fenômenos cuja história se confunde com a própria história da Independência: *nação, Estado* e *identidade nacional.* Este livro busca explicar a origem desses fenômenos e de como eles se tornaram realidades muito concretas e duradouras, a ponto de atualmente se fazerem presentes mais ou menos sob a mesma forma básica que começaram a adquirir dois séculos atrás.

Mas, afinal, se a história da Independência é a de um passado que se faz ainda presente, onde podemos observá-la proximamente a nós? Em muitos e muitos lugares. Observemos apenas alguns.

Todo dia 7 de setembro é feriado no Brasil. Às vezes, a semana inteira. Tempo de suspensão momentânea de rotinas, tempo eventualmente de descanso, a ocasião faz parte de nosso calendário oficial junto com várias outras datas civis e religiosas nacionais, estaduais e municipais. Em 1823, a data já foi comemorada oficialmente, mas durante um bom tempo ela teria que dividir atenções com outras, como o Doze de Outubro, relativa à aclamação de D. Pedro I. Em 1848, o Sete de Setembro já era chamado de "festa nacional", e na década de 1860 ganhou protagonismo ainda maior. Mas foi só com o calendário republicano, instituído no Brasil em 14 de janeiro de 1890, que a data virou o que é hoje: nosso principal feriado cívico nacional. Mesmo assim, a história e a memória da Independência, com suas muitas variações, contemplariam feriados alternativos. É assim com o popular Dois de Julho, comemorado na Bahia, o Vinte e Oito de Julho no Maranhão e o Quinze de Agosto no Pará, todos relativos às adesões daquelas antigas províncias ao Império do Brasil ocorridas em 1823. Todos esses feriados são ocasiões em que, de alguma maneira, a Independência se faz presente.

Outro momento em que isso ocorre é quando a seleção nacional de futebol entra em campo para disputar uma partida da Copa do Mundo. Desde 1930, quando a competição foi disputada pela primeira vez (no Uruguai), a equipe brasileira jamais ficou de fora dela. E a cada vez que uma partida dessas é disputada, os mesmos rituais se repetem: entram em campo não apenas jogadores e comissões técnicas, mas também cores, hinos, bandeiras e outros símbolos (os torcedores brasileiros nem sempre estão do mesmo lado). O verde, amarelo, azul e branco que se combinam até hoje no uniforme dos jogadores têm origem em um decreto de 18 de setembro de 1822 que estabeleceu as cores da nova bandeira do Brasil em substituição às cores de Portugal, que eram azul, branco e vermelho. Foi também naquela época, quando o futebol ainda estava longe de existir, que nosso hino nacional começou a ser criado: não se sabe exatamente quando Francisco Manuel da Silva compôs sua melodia a partir de várias outras então existentes, e que só foi oficializada como Hino Nacional com a República, em 20 de janeiro de 1890; sua letra foi composta por Joaquim Osório Duque Estrada bem depois, sendo adquirida pelo governo brasileiro em 21 de agosto de 1922. E em 1971, durante os anos mais duros da ditadura, o Hino foi decretado "símbolo nacional".

Naquela época governava o país o general Emílio Garrastazu Médici, que usou politicamente não só o futebol brasileiro e todos os símbolos nacionais a ele atrelados, mas também nossa própria história. Em 1972, por ocasião do Sesquicentenário da Independência, o governo militar promoveu meses de festejos que incluíram torneios de futebol, encontros acadêmicos e culturais, publicações, festas cívicas e desfiles militares. Em todos os estados do país, exaltaram-se acontecimentos e personagens supostamente heroicos, sobretudo D. Pedro I, cujos restos mortais foram pomposamente transferidos de Portugal para São Paulo, cruzando o Atlântico em navios de guerra com todo o apoio da também ditadura portuguesa. Cinquenta anos depois, o Bicentenário da Independência encontra um país formalmente sob uma democracia, mas cheio de sinais que nos fazem lembrar os piores momentos daqueles anos de chumbo. E em 2021, os festejos nacionais de Sete de Setembro foram oficialmente substituídos por uma manifestação partidária governamental.

E por falar no Brasil do Bicentenário, também em 2021 o então presidente Jair Bolsonaro, declarado admirador da ditadura de 1964, denunciou reiteradamente, mas sem apresentar provas, supostas fraudes nas eleições recentes do país. Segundo ele, a única forma de o país evitar fraudes seria seu sistema eleitoral retroagir ao voto em cédulas impressas, que deveriam substituir as urnas eletrônicas. A estratégia discursiva do presidente logo foi notada: tratava-se de tentar influenciar o resultado da eleição de 2022 muito antes de sua realização. O que não é novidade na história brasileira, na qual eleições presidenciais e regionais sempre mobilizaram poderosos interesses materiais e ambições pessoais, despertaram as mais acirradas paixões e foram capazes de provocar violentos solavancos por todo o país. Tudo isso começou a surgir durante o processo de Independência, mais exatamente em princípios de 1821, quando as então províncias que compunham o Reino do Brasil, ainda formalmente unido a Portugal, começaram a eleger seus representantes às Cortes legislativas e constituintes de Lisboa. Eleições, em si, já ocorriam no Brasil colônia, embora em escala bastante reduzida; em 1821 elas mobilizaram muito mais gente, foram movidas por um novo conceito de cidadania e visavam à formação de assembleias legislativas compostas por representantes da nação (que ainda era portuguesa). Em todas as regiões do Brasil onde tais eleições ocorreram, elas chamaram à política muita gente que até então se mantivera à margem dela. E com transformações ao longo do tempo, esse tipo de eleição chegou até nós, como parte do sistema representativo do Estado brasileiro.

Mais um exemplo da atualidade da Independência: entre 1887 e 1940, mais de três milhões de imigrantes estrangeiros chegaram ao Brasil em busca de condições de vida melhores do que tinham em seus países de origem. Muitos encontraram trabalho nas lavouras de café, na indústria, em serviços, em negócios próprios; alguns ascenderam socialmente enquanto outros mantiveram-se na pobreza; e um número incerto retornou a seus países de origem. Entre os que aqui permaneceram, mas principalmente entre seus descendentes, ocorreu uma profunda mudança: *portugueses, italianos, espanhóis, alemães, japoneses, sírios, libaneses, letões, poloneses, russos, romenos*, dentre outros, converteram-se em *brasileiros*. Quando tiveram essa condição registrada em um documento oficial, assim como ocorre atualmente com qualquer um que nasça em nosso país, essas pessoas foram contempladas por um critério de nacionalidade brasileira estabelecido a partir da Independência. Com ela foi sendo criada, aos poucos, uma definição dessa nacionalidade que, apenas com algumas mudanças, existe até hoje, quando o mesmo fenômeno se repete, desta vez com chineses, coreanos, sírios, bolivianos, venezuelanos e haitianos.

Por esses e muitos outros motivos, a história da Independência tem sido contada e recontada pelos historiadores, e lembrada e vivida por todos os brasileiros. É uma história de pessoas célebres e de outras menos conhecidas; de acontecimentos, de conjunturas e de estruturas. É uma história do Brasil e de suas muitas localidades, mas também de Portugal e de parte da Europa, da América e da África. E é também uma história de versões, memórias e usos políticos do passado no presente.

Mais do que normal, é esperado que as tentativas de explicar a Independência carreguem marcas das diferentes épocas em que foram feitas, assim como das condições e preferências de cada um de seus autores e autoras. Este livro é mais uma dessas tentativas e, evidentemente, possui personalidade própria. Ele pretende oferecer uma versão atualizada sobre a Independência, ao mesmo tempo geral e aprofundada, acessível e especializada; e que seja capaz de atender a certos interesses do leitor sem deixar de nele provocar novos. Como diretriz geral, procura respeitosamente acumular conhecimentos anteriormente formulados por outros autores e obras, antigos e recentes, eventualmente retificando algum de seus pontos, e a eles acrescentando a experiência particular de um autor que, mais do que um historiador especializado na Independência, é, também ele, um leitor fascinado pela história.

O estudo da história é sempre um exercício de compreensão e aceitação da pluralidade humana, da diversidade social e da diferença. Embora o passado possa legar à posteridade continuidades e heranças, ele sempre será algo diferente, que nos ensina o que somos por aquilo que não somos. O estudo da história é, assim, o estudo de nós mesmos. Mas isso só fará sentido se esse estudo for baseado em critérios sérios e em teorias e métodos de análise rigorosos e críticos que busquem, sempre, essa coisa que às vezes é difícil de conquistar, mas que não pode ser jamais abandonada: a verdade. A internet, o WhatsApp e as redes sociais não fornecem diplomas automaticamente, tampouco transformam, do dia para a noite, simples usuários curiosos em verdadeiras autoridades em campos do saber; principalmente se estes já contam com sólidas bases fundacionais e consistentes linhagens anteriores que, sempre, precisam ser levadas em conta. E nesse sentido, História também é, a seu modo, ciência.

Escrevendo em plena Segunda Guerra Mundial, de um campo de prisioneiros nazista onde ele logo seria assassinado, Marc Bloch (1886-1944) defendia o método crítico de análise histórica como um poderoso antídoto "às toxinas da mentira e do falso rumor" que contaminavam sua época. Mais de 70 anos depois, em meio a uma enxurrada de *fake news*, pós-verdades e revisionismos históricos mal-intencionados fluindo livremente pela terra de ninguém do mundo digital, o compromisso do grande historiador francês nos chega como um legado. O passado-presente de nosso Brasil sempre foi aberto a controvérsias de todo tipo; atualmente, e mais do que nunca, ele também é suscetível a falsificações, censuras e descaradas mentiras. Mas ele ainda continua aberto a verdades e explicações que precisam ser defendidas, valorizadas e constantemente estabelecidas. Pois sem passado e sem verdade, o presente não consegue se abrir ao futuro.

O Brasil e o mundo há 200 anos

UM MUNDO DIFERENTE

Duzentos anos atrás, quando o Brasil ainda não era um país independente e não havia nação, Estado e nem identidade brasileiros, o mundo era bastante diferente do que é hoje.

A começar por sua população. Atualmente, somos quase 8 bilhões vivendo espremidos em um mesmo planeta, a maioria em cidades. Por volta de 1800, esse número girava em torno de 954 milhões, dos quais apenas 24 viviam no continente americano (a Ásia tinha 638, a Europa 188, a África 102 e a Oceania apenas 2 milhões). E embora houvesse grandes e populosas cidades como

Londres, Paris, Beijing e – a maior de todas – Edo (atual Tóquio), a maioria das pessoas vivia no campo.

No Brasil, os recenseamentos eram muito parciais e imprecisos. Eram realizados de maneira impressionista por religiosos, administradores locais e viajantes, mas desde 1765 eles vinham sendo feitos também pela Coroa portuguesa, principalmente para efeitos de recrutamento militar. Segundo estimativas do historiador Tarcísio Botelho, em 1790 a população do Brasil seria de 1.835.722 pessoas, incluindo pessoas livres, escravos de origem africana (mais de 35% do total) e indígenas destribalizados, ou seja, incorporados à sociedade colonial. Em 1810, esse número teria subido para 2.534.530, e em 1822 teria atingido 3.308.178. Hoje a população brasileira é de mais de 211 milhões.

No começo do século XIX, quase ninguém completava 40 anos e existiam pouquíssimos idosos. A mortalidade infantil era gigantesca, a maioria dos filhos morria antes de seus pais, e gente de todas as idades morria aos montes de desnutrição e de doenças hoje facilmente curáveis, como peste bubônica, lepra, gonorreia, sífilis, febre tifoide, raiva, varíola ou tétano, cujas causas e tratamentos só começaram a ser identificados na segunda metade do século XIX.

A expectativa de vida no Brasil era por volta de 35 anos. D. Pedro I, por exemplo, conseguiu atingir essa marca, mas sua esposa D. Leopoldina viveu só até 28; Frei Caneca provavelmente teria vivido um pouco mais do que seus 45 anos se não tivesse sido fuzilado, enquanto José Bonifácio, que morreu com 74, foi uma exceção, um verdadeiro matusalém. Já escravos e escravas, destruídos a cada dia pelo regime de dominação e exploração que lhes era imposto, quase nunca chegavam aos 30. Em 2019, a expectativa de vida no Brasil era de pouco mais de 76 anos, enquanto em muitos outros países ela já ultrapassou 80 há um bom tempo.

A relação das pessoas com o espaço e com os meios de transporte também era muito diferente, pois ferrovias, barcos a vapor e telégrafos só começariam a se esparramar pelo mundo, e muito timidamente, a partir da década de 1820. A maior parte das navegações marítimas e oceânicas continuavam a ser feitas em embarcações a vela, em total dependência dos humores da natureza e dos talentos de seus pilotos. Por terra, as pessoas movimentavam-se a pé, no lombo de cavalos, mulas – como a de D. Pedro em 7 de setembro de 1822 – e outros animais; sendo ricas, talvez fossem carregadas em carruagens ou liteiras (para curtas distâncias), atravessando caminhos mal pavimentados, em trajetos muitas vezes pouco conhecidos e inseguros. Levava-se no mínimo quatro meses para se chegar, por exemplo, de Madri à costa do Chile, cinco de Madri ao Peru, e seis meses das Filipinas ao México, em uma infernal travessia do oceano Pacífico. Uma viagem ao redor do mundo, como aquela empreendida por Magalhães e El Cano entre 1519 e 1522, era quase impossível.

No século XVIII, a travessia atlântica entre Portugal e o Brasil levava cerca de dois meses, mas se o destino final fosse Belém do Pará, ela podia diminuir para 48 dias. De Belém a São Luís do Maranhão, navegando-se com correntes e ventos contrários, duas semanas; e de São Luís a Vila Boa de Goiás, mesclando-se caminhos terrestres e fluviais, cerca de seis semanas. Já a viagem entre Cuiabá e São Paulo poderia chegar a cinco longos meses, dois a mais do que a viagem marítima entre o Rio de Janeiro e a Colônia do Sacramento (atual Uruguai). Já o transcurso entre Rio de Janeiro ou Salvador e a costa ocidental da África, favorecido por condições naturais, era feito com segurança em um mês. E distâncias que hoje em dia são facilmente vencidas por veículos motorizados em menos de uma hora, como do centro da cidade de São Paulo ao bairro da Penha ou aos municípios de Mogi das Cruzes e Santana de Parnaíba, à época exigiam um ou dois dias de viagem.

Desse modo, os tempos do mundo também eram outros. Há 200 anos, quase ninguém vivia segundo os ritmos ditados por relógios mecânicos, que ainda eram artefatos privados de luxo ou objetos públicos limitados a algumas cidades, distantes portanto da imensa maioria da população, que ainda vivia em zonas rurais e de acordo com os ciclos da natureza. Clepsidras, ampulhetas e relógios de Sol eram muito comuns, como aquele que podemos ver preservado até hoje no núcleo colonial da cidade de Tiradentes, em Minas Gerais. Os tempos do mundo eram uma mistura de momentos de trabalho e descanso pautados por dinâmicas agrícolas, comerciais e religiosas, em sociedades – como a colonial – mais religiosas do que as nossas atuais. Por isso, havia muito mais gente disposta a acreditar em origens míticas do mundo e no seu fim abrupto, segundo juízos finais, apocalipses e outras escatologias.

E quem se interessasse pelos tempos da história, entenderia que não tinha havido uma única história da humanidade – *a história* – como se costuma conceber hoje, senão *várias histórias*, centenas ou milhares, cada uma delas sendo uma narrativa relativa a um povo, lugar ou instituição. Era o caso da *História da América portuguesa*, de Sebastião da Rocha Pita (1730), ou dos *Desagravos do Brasil e glórias de Pernambuco*, de Domingos Loreto Couto (1757). Além de abordarem passados específicos, todas elas ensinavam, de alguma forma, como deveria ser o futuro. Mas a imensa maioria da humanidade, praticante de culturas de oralidade, não sabia ler nem escrever. Entre os poucos capazes de fazê-lo no mundo ocidental, o latim ainda era bastante manejado, principalmente entre clérigos cristãos e eruditos em geral; já entre elites seculares, o francês era considerado a língua culta. No Brasil, falavam-se várias línguas de origem portuguesa, indígena e africana, frequentemente mescladas e com variações territoriais muito maiores do que as hoje existentes.

Por volta de 1800, existiam no mundo várias repúblicas, mas a maioria dos governos era algum tipo de monarquia. A desigualdade social ainda se apresentava como uma regra pouco afrontada; a escravidão era praticada por toda parte – inclusive no Brasil –, sendo combatida quase que somente por quem a sofria diretamente, além de estadistas, comerciantes e industriais britânicos interessados na mundialização do trabalho assalariado; a submissão da mulher pelo homem constituía uma espécie de cânone social, e pouquíssimas pessoas poderiam conceber um casamento homoafetivo. Os planetas conhecidos no céu só iam até Urano, ninguém sabia da antiga existência de dinossauros ou da pangeia, e quase nenhum país que hoje faz parte de nosso mapa-múndi tinha o mesmo nome ou fronteira. Não existiam aviões, submarinos, automóveis, satélites ou computadores; e as guerras, então praticadas dentro dos limites de um campo de batalha, quase sempre restritas a soldados formalmente designados (embora a Revolução Francesa estivesse mudando essa situação) e sem o amparo de uma produção bélica em escala industrial, destruíam e matavam muito menos do que hoje.

Bem se vê que o mundo por volta de 1800 era muito diferente do nosso. No entanto, ele não estava parado. Movia-se em direção a novas sociedades, espaços, tempos, práticas, ideias, experiências e expectativas. Desde antes, o velho e o novo, o antigo e o moderno, o passado e o futuro, já vinham estabelecendo renovadas tensões. E seria em meio a essas tensões que surgiriam as condições graduais para a independência do Brasil, que até então não tinha sido projetada, desejada ou sequer imaginada por praticamente ninguém.

A população do mundo vinha aumentando. Taxas de mortalidade caíam, as de natalidade cresciam e as expectativas de vida começavam a se dilatar. No Brasil, porém, o significativo aumento populacional de fins do século XVIII e começos do XIX deveu-se principalmente ao aumento do comércio de escravos e da imigração portuguesa para a América. Mais pessoas habitavam espaços cada vez mais integrados. Portugal e Espanha também estavam mais presentes no coração da América do Sul após os tratados de limites de 1750 e 1777. E a expansão econômica da Europa, que dava seus primeiros passos em direção à Revolução Industrial, aumentava sua conexão com a China e o Extremo Oriente. Foi por essa época que os britânicos começaram para valer sua exploração colonial na Índia e chegaram ao último dos rincões habitados do planeta: a Austrália.

O mundo estava, mais do que nunca, em acelerado processo de globalização. E esse processo envolvia o Brasil e o Império Português. Como um de seus muitos resultados, ritmos de vida estavam se transformando, ficando cada vez mais acelerados, frenéticos e fluidos. Os tempos do trabalho, das máquinas e das cidades avançavam sobre os tempos da religião, dos ciclos da natureza e do campo. Em termos de ideias, os passados da humanidade estavam se unificando em torno de um conceito geral de história, e esta parecia cada vez mais se distanciar do presente. O futuro ia deixando de ser um horizonte de expectativas apreensíveis pelo conhecimento do passado para se tornar um horizonte inovador, incerto e por isso mesmo passível de ser projetado. Era a chamada *modernidade*, e a ela a independência do Brasil não estaria imune.

O REFORMISMO ILUSTRADO PORTUGUÊS

Processo histórico amplo e duradouro, a modernidade jamais se completou perfeitamente. Ela nunca foi absoluta, mas parcial, cheia de contradições, mais perceptível em algumas situações do que em outras, mais ajustada a certas dimensões da realidade do que a outras. No caso de Portugal e suas colônias, algumas de suas marcas são perceptíveis já em meados do século XVIII.

Desde que se tornara independente da Espanha em 1640, Portugal vinha passando por severas dificuldades. Seu império tinha sido reduzido pelas incursões coloniais holandesas na Ásia e, embora Pernambuco e o litoral ocidental da África tenham sido reconquistados, a produção açucareira holandesa, francesa e inglesa competia vantajosamente com o açúcar do Brasil. Além disso, a nova dinastia de Bragança passava por desavenças internas e tinha dificuldades para se afirmar. A era dourada das Grandes Navegações e da pujança política e econômica portuguesa parecia ter ficado definitivamente para trás. No final do século XVII, porém, a expansão comercial inglesa fez aumentar a demanda mundial por moeda, renovando a procura portuguesa por metais preciosos nas terras do Brasil. Como consequência, em algum momento incerto entre 1693 e 1695, a descoberta das primeiras jazidas de ouro na atual Sabará (nas atuais Minas Gerais) começou a renovar as expectativas portuguesas de recuperação do Império.

Rapidamente, uma vasta e até então inóspita região sertaneja foi sendo explorada e povoada, articulando-se com outras partes desse Brasil que, em termos práticos, tinha sido pouco mais do que um arquipélago de colônias isoladas umas das outras, interligadas entre si quase que somente pelo seu centro de convergência em Portugal, e algumas conectadas também à África ocidental pelo comércio negreiro e à América espanhola pelo contrabando de prata. A posterior descoberta de ouro também em Mato Grosso (1719) e Goiás (1722) e o início da exploração de diamantes em outra região de Minas Gerais, o Serro Frio (1729), acentuaram essas articulações, e o Brasil se estabeleceu definitivamente como a porção mais estratégica do ainda debilitado Império Português.

Projetos e ações de um melhor aproveitamento dos recursos e potencialidades do Brasil para o fortalecimento do Império Português remontavam já aos anos imediatamente posteriores à independência de 1640. Seria, porém, na segunda metade do século XVIII que essa diretriz se converteria em uma política imperial sistemática, comumente chamada de *Reformismo Ilustrado*.

O Reformismo Ilustrado português era um conjunto de doutrinas, projetos e ações políticas inspiradas no Iluminismo europeu. Para Portugal, um ambiente profundamente católico, com uma economia mercantil agrária e centro de um império mundial que há muito se tornara secundário, o Iluminismo europeu forneceu inspirações e diretrizes que, adaptadas a essa realidade específica, se desdobraram em duas vertentes um pouco distintas: uma, mais especulativa, intelectual e filosófica; outra, mais pragmática, voltada para a formulação e implementação de medidas concretas e que não se limitariam ao Brasil. E assim, na ótica dos reformadores portugueses, as colônias da América foram ganhando feições ainda mais bem definidas de um corpo articulado de territórios com um potencial de exploração a ser mais bem aproveitado.

Em alguns aspectos, pode-se dizer que o Reformismo Ilustrado português já estava em curso durante o reinado de D. João V (1706-1750), que foi, literalmente, o monarca de uma nova era de ouro do Império. Naquela conjuntura, o metal do Brasil tinha ajudado a recuperar a balança comercial portuguesa, embora muito dele tenha escoado para a ascendente e pujante economia inglesa. O ouro metamorfoseou-se também em uma riqueza e opulência algo efêmeras, representadas na construção do imponente palácio-convento de Mafra, nas proximidades de Lisboa (tempos depois tornado protagonista da maravilhosa ficção histórica de José Saramago, *Memorial do convento*, de 1982). Mas foi com o início do reinado de D. José I (1750-1777) e da gestão de seu homem-forte, Sebastião José de Carvalho e Melo (condecorado com o título de Marquês de Pombal em 1769), que o Reformismo Ilustrado português deslanchou.

Na condição de Secretário de Estado da Guerra e dos Negócios Estrangeiros, Carvalho e Melo (1699-1782) foi o grande comandante da reconstrução de Lisboa, devastada em 1755 por um terrível terremoto seguido por tsunamis, os quais devem ter atingido, com baixa intensidade, também o Brasil. Dois anos depois, foi nomeado Secretário do Reino e, com a extensão de seus já amplos poderes, tornou-se um intransigente e implacável perseguidor de seus opositores – dentre eles, membros da mais alta aristocracia portuguesa profundamente incomodados com a política de Carvalho e Melo de promoção social de novos quadros dentro da hierarquia imperial por critérios de competência e utilidade.

Tendo sido o embaixador português em Londres entre 1739 e 1743, Carvalho e Melo desenvolveu um diagnóstico da posição periférica de Portugal no quadro europeu em face das constantes ameaças espanholas ao Império e da ascensão mercantil britânica. Carvalho e Melo era inclusive crítico do célebre Tratado de Methuen, de 1703, que definira a preferência portuguesa pelos tecidos ingleses, em contrapartida à preferência inglesa pelos vinhos portugueses (dadas as características de cada economia, a Inglaterra saía com ampla vantagem). Com base nesse diagnóstico, o homem-forte de D. José I projetou um aumento das rendas da Coroa por meio do incremento do comércio entre a metrópole e suas colônias – principalmente o Brasil –, diminuindo a participação, nele, de comerciantes estrangeiros e fortalecendo grupos mercantis portugueses.

A esse tempo e a despeito da competição internacional, o Brasil mantinha firme sua produção açucareira, concentrada na Bahia, no Rio de Janeiro e, em menor escala, em Pernambuco. Tabaco, algodão e ouro eram outros gêneros importantes de exportação. Mais ao sul, as disputas com os espanhóis pela Colônia do Sacramento (fundada em 1680) e as guerras daí resultantes no Rio Grande de São Pedro (atual Rio Grande do Sul) e Santa Catarina estimularam o povoamento da região, ligando-a a outras partes do Brasil pela economia da pecuária; além disso, a importação de escravos da África continuava a aumentar. Foi nesse cenário que o Reformismo Ilustrado português começou a atuar.

A partir de 1750, a Coroa implementou uma série de medidas visando a um aumento na arrecadação de seus tributos coloniais, controlados pelas câmaras municipais e por casas de inspeção de produtos e de fundição de ouro; a uma melhoria na qualidade dos produtos de exportação, o que faria aumentar seus preços nos mercados internacionais; e a uma maior eficiência e presença da metrópole no Brasil, inclusive no plano militar. Além disso, encaminhou, como vimos, a nacionalização do comércio português, dele alijando comerciantes de outras nacionalidades. Para concentrar ainda mais o poder metropolitano e fortalecer a figura do rei, o governo português extinguiu o regime de capitanias hereditárias, criou em 1763 o Vice-Reino no Brasil com sede no Rio de Janeiro (a capital do antigo Estado do Brasil tinha sido Salvador), promoveu reformas militares e envolveu-se, ao lado da Grã-Bretanha, na Guerra dos Sete Anos (1756-1763) contra Espanha e França.

O fortalecimento político de Portugal passou por outras importantes medidas relativas ao Brasil. Em 1757, foi implementado o Diretório dos Índios (que teria vigência até 1798). Basicamente, ele era uma espécie de código legislativo que modificava a administração dos aldeamentos indígenas da América portuguesa, transferindo-a da Companhia de Jesus para representantes seculares do rei. O esvaziamento do poder dos jesuítas foi completado com sua expulsão de todo o Império Português, decretada por D. José I em 3 de setembro de 1759. E à medida que se desenvolvia, o Reformismo Ilustrado português ia provocando reações adversas, mobilizando opositores fora e dentro do Império.

A partir de 1770, a situação do Brasil impôs modificações na política reformista. A retração da extração aurífera começou já na década de 1750, acentuando-se progressivamente até atingir níveis dramáticos, reduzindo em muito a capacidade econômica de Portugal. Nesse período, o açúcar também entrou em decadência, mas o desenvolvimento das manufaturas em Portugal favoreceu a produção de algodão no Maranhão e em Pernambuco (a prioridade portuguesa aos tecidos ingleses se restringia aos de lá).

A partir de 1777, a diversificação agrícola da economia colonial se tornou uma das diretrizes mais importantes do Reformismo implementado no reinado de D. Maria I. A queda política do malquisto Pombal, o afrouxamento de alguns monopólios coloniais e a revisão da anterior ênfase na concentração de poderes na metrópole e no rei motivaram muitos autores a enxergarem no novo governo uma quebra de continuidade em relação ao anterior. A despeito dessas diferenças, contudo, pode-se dizer que, em termos de persistência da posição desfavorável de Portugal na competição internacional e da centralidade dada ao Brasil pelas políticas imperiais, o Reformismo Ilustrado teve continuidade.

O grande agente do Reformismo nessa nova fase foi Rodrigo de Sousa Coutinho (1755-1812). Filho de um governador colonial de Angola, Coutinho esteve na Espanha, na França e na Sardenha antes de se tornar ministro e secretário de Estado da Marinha e Domínios Ultramarinos (1796-1801). Quatro anos antes, em 1792, D. Maria I tinha sido declarada incapaz de governar, e o comando do império passara ao seu filho D. João (1767-1826) na condição de príncipe regente. No novo governo, Sousa Coutinho, um cosmopolita e dedicado funcionário imperial, desempenharia ainda a função de presidente do Erário Régio (1801-1803). Após seguir com a Corte para o Rio de Janeiro, em 1808, foi agraciado com o título de Conde de Linhares e se tornou ministro da Guerra e Negócios Estrangeiros, cargo em que permaneceu até sua morte em 1812.

Sousa Coutinho jamais exerceu um papel comparável ao poder anteriormente desfrutado por seu antecessor e padrinho político Pombal; mas, à sua maneira, personifica muito bem não só o caráter reformista do reinado de D. Maria I e da regência de D. João, mas também a adesão intelectual e a reelaboração pragmática, por parte de elites dirigentes portuguesas, de fundamentos do Iluminismo. Inclusive algumas vertentes escocesas, espanholas e italianas do Iluminismo dedicadas mais diretamente ao pensamento econômico (Coutinho era leitor de Adam Smith). Isso bem se expressa na famosa *Memória sobre o melhoramento dos domínios de sua Majestade na América*, escrita em 1797 ou 1798, na qual Sousa Coutinho elabora a necessidade de complementariedade econômica e perfeita união entre todas as partes que então compunham o Império Português – o que valia especialmente para Portugal e Brasil. Esse, aliás, já tinha sido o espírito do alvará que anteriormente – em 5 de janeiro de 1785 – proibira o estabelecimento de manufaturas no Brasil: como a indústria de Portugal vinha se desenvolvendo, a incipiente indústria do Brasil não deveria com ela concorrer; em contrapartida, o Brasil fortaleceria Portugal com seus gêneros agrícolas, com a escravidão e com o tráfico negreiro, que continuavam a crescer. Na *Memória sobre o melhoramento*, ao afirmar explicitamente que não conviria a nenhuma das "províncias da monarquia" separar-se do conjunto mais amplo ao qual pertencia, Sousa Coutinho parecia acusar o golpe perpetrado ao Império Português por contestações políticas que, por essa época, vinham ocorrendo em territórios coloniais.

OS RECEIOS DOS ESTADISTAS PORTUGUESES

"[...] A feliz posição de Portugal na Europa, que serve de centro ao comércio do Norte e Meio-Dia do mesmo continente, e do melhor entreposto para o comércio da Europa com as outras três partes do mundo, faz que este enlace dos domínios ultramarinos portugueses com a sua metrópole seja tão natural, quanto pouco o era o de outras colônias que se separaram da sua mãe pátria; e talvez sem o feliz nexo que une os nossos estabelecimentos, ou eles não poderiam conseguir o grau de prosperidade a que a nossa situação os convida, ou seriam obrigados a renovar artificialmente os mesmos vínculos que hoje ligam felizmente a monarquia, e que nos chamam a maiores destinos, tirando desse sistema todas as suas naturais consequências. Este deve ser sem dúvida o primeiro ponto de vista luminoso do nosso Governo, e já que ditosamente, segundo o incomparável sistema dos primeiros reis desta monarquia, que fizeram descobertas, todas elas foram organizadas como províncias da monarquia condecoradas com as mesmas honras e privilégios que se concederam aos seus habitadores e povoadores, todas reunidas ao mesmo sistema administrativo, todas estabelecidas para contribuírem à mútua e recíproca defesa da monarquia, todas sujeitas aos mesmos usos, e costumes, é este inviolável e sacrossanto princípio da unidade, primeira base da monarquia, que se deve conservar com o maior ciúme, a fim de que o Português nascido nas quatro partes do mundo se julgue somente português, e não se lembre senão da glória e grandeza da monarquia a que tem a fortuna de pertencer, reconhecendo e sentindo os felizes efeitos da reunião de um só todo composto de partes tão diferentes que separadas jamais poderiam ser igualmente felizes [...]."

(Coutinho, Rodrigo de Sousa. "Memória sobre o melhoramento dos domínios de Sua Majestade na América". *Textos políticos, econômicos e financeiros, 1783-1811*. Lisboa: Banco de Portugal, 1993, t. III, pp. 48-49).

As diretrizes formuladas por Sousa Coutinho e outros colegas seus esboçavam a ideia de um "Império luso-brasileiro" que, não obstante, jamais foi formalmente implementado. Segundo essas diretrizes, todas as partes do Império deveriam se completar e se fortalecer reciprocamente; no entanto, Portugal continuava a ser metrópole, e o Brasil, colônia. Muitos historiadores exageram ao utilizarem tal expressão como se ela descrevesse uma situação de fato, quando uma equiparação de estatuto político entre Portugal e Brasil só viria a ocorrer em 1815, com a transformação do Império em Reino Unido de Portugal, Brasil e Algarves. No louvável afã de tornar seus textos esteticamente mais elevados, alguns estudiosos acabam por adotar corriqueiramente palavras e expressões tomadas de empréstimos das fontes que utilizam, esquecendo-se de esclarecer os sentidos que estas possuíam em seus contextos originais. A expressão "Império luso-brasileiro" é uma delas, e deve ser considerada como indicativa de uma concepção intelectual apenas esboçada, típica do Reformismo português em uma conjuntura em que, a despeito de dificuldades a ele impostas pela competição mundial, o Império ainda tinha sua estrutura básica e suas hierarquias internas intactas, inclusive as diferenças entre metrópole e colônias.

É assim que, em busca de uma unidade de propósitos – mas não de uma equiparação entre as partes do império –, a década de 1790 mobilizou um grande número de escritores e analistas em torno da já tradicional questão de como superar o que eles concebiam como sendo um "atraso" português em relação aos poderes centrais do mundo ocidental que, à época, eram claramente Grã-Bretanha e França. Em busca desse objetivo e de posse de instrumentos mentais da Ilustração, esses homens revisavam a economia, a política, a administração e a história do Império a partir, inclusive, de olhares americanos, tornando o Reformismo Ilustrado um manancial de ideias e ações não apenas europeu, mas verdadeiramente ibero-americano (o mesmo ocorria à época no também enfraquecido Império Espanhol).

Um dos resultados mais interessantes dessa mobilização foi a proliferação de textos, livros, análises e debates que mobilizaram pensadores tais como Manoel Arruda da Câmara (1752-1810), Joaquim Rodrigues de Brito (1753-1831), Alexandre Rodrigues Ferreira (1756-1815), Baltasar da Silva Lisboa (1761-1840) e o então jovem José Bonifácio de Andrada e Silva (1763-1838), atuantes quase sempre sob patrocínio ou incentivo da metrópole e vinculados a instituições como a Universidade de Coimbra, reformada por Pombal já em 1772; a Academia Real das Ciências de Lisboa, fundada em 1779; e, um pouco mais timidamente, o Seminário de Olinda, estabelecido em 1800 pelo bispo José Joaquim de Azeredo Coutinho (1742-1821).

No final das contas, fosse em suas ênfases intelectuais ou pragmáticas, fosse com os pés mais na Europa ou na América, o Reformismo Ilustrado português nada tinha de revolucionário, ao menos no sentido de que não procurava subverter nenhuma das bases fundamentais nas quais o Império se assentava. Com diferentes ênfases ao longo da segunda metade do século XVIII, as políticas imperiais eram monarquistas, católicas, preservavam o poder real, tomavam a desigualdade entre os homens como um pressuposto natural e, quando tratavam de assuntos coloniais, quase sempre defendiam a escravidão e o tráfico negreiro – ou sequer os mencionavam.

Porém, como vimos, o Reformismo Ilustrado português contribuiu para uma concepção intelectual de que os muitos "Brasis" da América, e que antes do século XVIII eram majoritariamente um conjunto de territórios isolados e afastados uns dos outros, podiam e deviam ser tratados como uma unidade. É verdade que essa concepção só foi implementada de maneira muito parcial, sinuosa e imperfeita; porém, e inesperadamente, ela seria reforçada pela transferência da Corte para o Brasil em 1807. Pelo menos, a curto prazo. A médio prazo, tal medida provocaria tensões e contradições que se mostrariam decisivas para a criação de condições de possibilidade para a independência do Brasil.

Além disso, a mobilização reformista implicou uma constante revisão do passado português e sua comparação com os passados de outras potências europeias, buscando no presente ferramentas de construção de um futuro que, ficava cada vez mais claro, deveria ser diferente do passado. A despeito de todos os conservadorismos inerentes ao Reformismo Ilustrado português e de sua completa recusa de qualquer possibilidade de cisão no Império, seus expoentes estavam constantemente mexendo com as tradicionais equações temporais de passado, presente e futuro, e com isso abrindo, ainda que cautelosamente, Portugal e suas colônias para o advento de uma modernidade que teria muitas facetas diferentes. Inclusive a revolucionária.

Típico sintoma de uma época de transformações incomuns, essa abertura moderna a um futuro inovador poderia ser feita deliberadamente ou não, de maneiras até mesmo opostas, algumas das quais merecedoras inclusive da desaprovação de quem, em finais do século XVIII, trabalhava pela unidade do Império.

A ERA DAS REVOLUÇÕES E O BRASIL

A segunda fase do Reformismo Ilustrado português encontra um mundo em crescente convulsão política. Esse mundo ainda era basicamente ocidental, embora sua influência e suas conexões já alcançassem praticamente todos os cantos do planeta.

A convulsão política não era um único movimento, uma única revolução geral. Eram movimentos com feições, potências, durações e alcances próprios, mas que convergiam em dois pontos: todos eles estavam, de alguma maneira, desafiando as estruturas políticas então vigentes e anunciavam futuros novos e que cada vez menos pareciam encontrar correspondência no passado. Mesmo quando os próprios participantes desses movimentos negavam o caráter inovador de seus projetos e ações, seus resultados iam mostrando novas, criativas e inesperadas soluções. Além disso, por ocorrerem em um mundo cada vez mais conectado e globalizado, esses movimentos apresentaram uma capacidade incomum de irradiação. Não que eles tenham se "movido" de uma parte a outra, ou que algum deles tenha sido uma "fonte" para outro. Por irradiação, queremos dizer influências recíprocas, com a oferta cruzada de exemplos, lições e parâmetros de ação a partir dos quais cada movimento se constituiu de acordo com suas próprias características. Nessa conjuntura, cada movimento foi específico, mas nenhum deles foi isolado.

Essa conjuntura pode ser referida como uma "Era das Revoluções", expressão consagrada pelo título homônimo de um célebre livro de Eric J. Hobsbawm publicado em 1962. Nele, Hobsbawm procurou integrar uma série de transformações políticas e econômicas que ocorreram no mundo ocidental entre aproximadamente 1789 e 1848, movidas por aquilo que o autor chamou de uma "dupla revolução": a Revolução Francesa e a Revolução Industrial inglesa. A proposta de análise integrada dessa conjuntura teve correlatas antes e depois de Hobsbawm. Expressões como "Revolução Democrática", "Revoluções Atlânticas", "Revolução Ocidental", "Revoluções Imperiais" e outras parecidas foram sendo utilizadas para descrever e analisar, sob diferentes ênfases e pontos de vista, uma mesma situação geral de grandes transformações políticas, econômicas, sociais e culturais.

O Império Português nunca esteve completamente à margem desse processo; e dentro dele, o Brasil também não. Ambos apresentaram manifestações bastante representativas dessa conjuntura, das quais a Independência seria uma das principais. No entanto, como já dissemos, nenhum movimento dessa época forneceu uma matriz perfeita para os demais, mas sim padrões de aprendizado e influência que foram construindo uma experiência comum, um "espaço de experiência revolucionário moderno". É necessário, assim, observar alguns desses movimentos separadamente e em conjunto, e sem que implicassem uma ação evolutiva e progressiva em direção a um fim. A história nunca tem seus destinos determinados de antemão. Ela sempre chega aonde os homens e mulheres a levam, segundo condições históricas a eles disponíveis e de acordo com os padrões de experiências coletivas em permanente construção.

À medida que os movimentos políticos da Era das Revoluções foram ocorrendo, é interessante notar como eles definiram seus próprios critérios de inovação; ao mesmo tempo, redefiniram as palavras e os conceitos que seus participantes ou observadores utilizavam para descrevê-los. Um dos resultados mais notáveis dessa simultânea ação política e linguística foi o surgimento do conceito moderno de *revolução*.

Durante muito tempo, *revolução* era uma palavra usada – basicamente em latim e em línguas dele derivadas – para descrever o movimento físico dos corpos celestes. E como tais movimentos eram reiterativos, assim o eram as revoluções: elas perfaziam trajetórias bem definidas e previsíveis. No século XVII, o termo passou a descrever também alterações na ordem política como a queda de reis, mudanças de governo ou insurreições. Mas foi só em finais do século XVIII que ele começou a ser usado no sentido atualmente majoritário: referido a uma grande mudança política ou social que implique a superação de um estado de coisas anterior em prol de outro fundamentalmente novo. Essa alteração no significado de *revolução*, porém, foi gradual e jamais se completou totalmente: até hoje essa palavra é polissêmica, e também pode querer dizer uma alteração natural, previsível e de desfecho conhecido.

Há um consenso de que o primeiro grande movimento da Era das Revoluções foi a independência das Treze Colônias britânicas da América do Norte que, em 1776, resultou na formação dos Estados Unidos da América. Esse movimento ofereceu uma pioneira e decisiva contribuição para a formação de um espaço de experiência revolucionário moderno.

Vitoriosa na Guerra dos Sete Anos (1756-1763), na qual contara com o apoio de Portugal, a Grã-Bretanha começou a enfrentar problemas com seus súditos do outro lado do Atlântico. Nessa época, não existiam cidadãos "estadunidenses", "americanos" ou "norte-americanos": apenas súditos britânicos que, tendo combatido os franceses na América, esperavam certas recompensas que não vieram, como o direito de posse dos vastos territórios que se situavam entre os montes Apalaches e o rio Mississipi. Além de negar-lhes essa possibilidade, a Coroa britânica instituiu novos impostos sobre a produção e o comércio colonial e reforçou monopólios, aumentando os descontentamentos principalmente entre grandes e poderosos agricultores e comerciantes ligados ao comércio marítimo internacional. Em assembleias locais, os descontentes foram formulando o argumento de que, como súditos britânicos, eles deveriam ser consultados sobre tais medidas; ou seja, passaram a exigir que fossem tratados em condições de igualdade como os demais súditos britânicos europeus, o que desembocou em abertas discussões sobre o problema da representação política.

Em meio a boicotes dos colonos em relação a mercadorias e comerciantes metropolitanos, em 5 de março de 1770 três habitantes de Boston que protestavam foram mortos por soldados britânicos. Com o aumento das tensões politizando, ampliando e intelectualizando os protestos, e com a Coroa cedendo pontualmente para logo apertar com novas medidas repressivas, a contestação tomou forma no Congresso da Filadélfia (1774), uma reunião de representantes das populações das colônias americanas. Em abril de 1775, forças militares dos súditos americanos e soldados metropolitanos se enfrentaram em Concord e Lexington, nas proximidades de Boston, deflagrando uma guerra civil; e em maio, um novo congresso de representantes das colônias organizou, sob a liderança de George Washington, a guerra contra a Grã-Bretanha. A declaração formal de independência, contudo, só ocorreu em 4 de julho de 1776.

Formavam-se os Estados Unidos da América, uma república independente de sua antiga metrópole. Originada de reivindicações e mobilizações de elites coloniais, essa república era socialmente conservadora, e inclusive manteve por muito tempo o regime de trabalho escravo. Na guerra contra a Grã-Bretanha que se sucedeu, a nova república contou desde o início com o apoio entusiasmado de voluntários estrangeiros, em uma demonstração de que o conflito não somente era militar e político, mas também possuía apelo ideológico internacional. Na guerra, os Estados Unidos obtiveram ainda o suporte da França em 1778, da Espanha em 1779 e das Províncias Unidas dos Países Baixos em 1780. A capitulação britânica ocorreu em 19 de outubro de 1781, em Yorktown, o que abriu caminho aos sucessivos reconhecimentos internacionais da independência do novo país.

O que mais importa aqui destacar é que a independência dos Estados Unidos promoveu uma série de inovações políticas que, com o passar do tempo, contribuiriam para o estabelecimento do conceito moderno de revolução; além disso, essas inovações forneceram parâmetros de ação em outros contextos. Por exemplo, o fato de a revolução americana ter instituído uma república, em contraposição à monarquia britânica. Nesse caso, *república* não queria mais dizer apenas *comunidade política*, como tradicionalmente ocorria, mas sim *regime de governo*. O que era, sem dúvida, uma novidade. Além disso, os Estados Unidos surgiram com base na reunião de assembleias de representantes eleitos pela população, declararam formalmente sua independência e legitimaram sua existência política a partir de uma Constituição (1781) elaborada justamente por representantes eleitos para esse fim.

Mas o componente que sem dúvida se mostraria mais influente da revolução americana de independência, ao menos para outras regiões coloniais, era o fato de ela ter se mostrado bem-sucedida na construção de um futuro sem uma metrópole. Nesse sentido, ela foi uma pioneira revolução anticolonial. Uma diretriz que poderia ser, de muitas formas, reelaborada em outros momentos, lugares e situações.

Mas a despeito de todas essas inovações, o conservadorismo social da independência estadunidense impôs um limite à sua capacidade de radicalizar o projeto de um futuro totalmente novo, superior ao passado e diante do qual tudo seria – em tese – possível. Quem fez isso, poucos anos depois, foram os revolucionários franceses.

A Revolução Francesa eclodiu em um contexto de acúmulo e convergência de crises. Entre 1780 e 1789, movimentos políticos na Irlanda, na Inglaterra, nos Países Baixos e nos Cantões Suíços promoveram solavancos nas hierarquias sociais então existentes e em suas divisões por *estamentos*: em alguns casos, essas tensões estamentais, como as chamou o historiador Robert Palmer, foram ao encontro de revoltas camponesas e motins urbanos de diversos tipos; em outros, elas se somaram a disputas locais pelo poder. Em todos os casos, porém, e valendo-se do precedente da Revolução Americana, foram sendo criadas condições para debates e embates relativos ao tema da representação. No caso da França, o envolvimento militar na guerra de independência dos Estados Unidos agravou uma severa crise econômica criada por sucessivas crises agrícolas (1774, 1787, 1788) e por um desajuste geral das finanças públicas.

A nobreza francesa era, como qualquer outra, rentista; mas era também especialmente suntuosa e custava caro aos cofres públicos. Alguns de seus representantes reagiram negativamente às tentativas de reforma tributária promovidas pelo governo de Luís XVI apresentadas em 1787, e no ano seguinte se revoltaram. Para muitos historiadores, foi aqui que a Revolução Francesa verdadeiramente começou, pois essa revolta aristocrática desencadeou uma sucessão frenética de eventos em uma relação de causa e efeito. A crise econômica e social logo se converteu também em crise política, com crescentes apelos para a convocação, pelo rei, dos Estados Gerais, que eram uma espécie de parlamento que aglutinava representantes de todos os estratos sociais, mas que há muito não se reunia. Luís XVI se comprometeu em reuni-los em 1792, mas diante dos protestos, antecipou-os para uma data indefinida. O ano de 1788 viu ainda a eclosão de violentos protestos em muitas cidades francesas, que promoveram uma verdadeira crise de representação que ia muito além das queixas da nobreza. Rapidamente, a sociedade francesa foi se politizando: panfletos, memórias, livros e artigos de jornal se tornaram porta-vozes de insatisfações, reflexões e projetos de futuro.

Finalmente, o rei anunciou que os Estados Gerais se reuniriam em 1º de maio de 1789, mas seus trabalhos durariam poucas semanas: em meio a conflitos internos nas cidades e zonas rurais, Luís XVI fechou os Estados Gerais e reconheceu, em seu lugar, a Assembleia Nacional que tinha sido articulada pelo Terceiro Estado. O aumento das manifestações populares culminou na tomada da Bastilha, em 14 de julho de 1789. A Bastilha era um arsenal de guerra, uma prisão real e também um símbolo do regime de Luís XVI, de modo que sua queda representou um ponto de virada nos acontecimentos, agora definitivamente direcionados a uma revolução. Por todo o país se sucederam conflitos armados, deposição de antigas autoridades e uma mobilização popular em escalas inéditas. Em junho de 1791, Luís XVI e sua família, que até então estavam sob vigilância no Palácio das Tulherias, arquitetaram uma fuga para a Áustria, pela cidade de Varennes, mas foram presos por populares. Em 4 de agosto, a Assembleia Nacional decretou o fim do regime feudal, a abolição dos privilégios da nobreza e a equiparação de impostos; em 26 de agosto, publicou a célebre Declaração dos Direitos do Homem e do Cidadão; e em setembro foi promulgada a primeira Constituição revolucionária francesa (outras viriam em 1793 e 1795).

A Revolução Francesa, de início um movimento que rejeitava a guerra e o ônus popular que ela implicava, logo se converteu em uma força militar expansionista. Em 1792, foi declarada guerra à Áustria, que mobilizou sua aliada Prússia. Em 20 de setembro, a Convenção Nacional – que substituíra a Assembleia Nacional com a eleição de 794 membros baseada em um amplo sufrágio universal – se reuniu e, no dia seguinte, proclamou a República. Foi então que os radicais jacobinos substituíram de vez o poder dos moderados girondinos e teve início o chamado "Terror": milhares de opositores e suspeitos de conspirarem contra a revolução foram perseguidos, presos e decapitados na guilhotina, inclusive Luís XVI, em 21 de janeiro de 1793, em meio ao recrudescimento da guerra internacional. Ainda em 1793, a Convenção estabeleceu o calendário republicano, que, em substituição ao calendário gregoriano até então vigente na França e em muitos outros países, afirmava a pretensão dos revolucionários de fundar um tempo e um mundo novos, diferentes e superiores aos antigos. Um tempo e um mundo modernos.

A queda dos jacobinos em 1794 diminuiu a radicalidade da revolução e levou ao fim do "Terror", mas não da guerra. Em 25 de outubro de 1795, a Convenção Nacional foi dissolvida e substituída por um novo governo, o Diretório, que teria uma história marcada por disputas internas, alternâncias de poder e golpes de Estado. Foi aí que começou a ascensão de Napoleão Bonaparte, um bem-sucedido comandante militar na repressão a nobres em Paris, e também nas campanhas da Itália e do Egito entre 1796 e 1798. Após alguns meses de interrupção dos conflitos internacionais, em 9 de novembro (ou 18 brumário, no calendário republicano francês) de 1799, um novo golpe derrubou o Diretório e criou o Consulado, um governo tríplice no qual Napoleão se destacaria como principal liderança: em 1802, em meio a uma nova interrupção da guerra, ele se tornou cônsul vitalício. Em 1803, a guerra foi retomada e, no ano seguinte, Napoleão recriou o Império Francês, fazendo-se coroar imperador em 2 de dezembro. Em 1805, Napoleão aboliu o calendário republicano e restaurou o gregoriano.

A ampliação e generalização da guerra da França contra quase todo o restante da Europa logo chegaria a Portugal e, em consequência, abriria uma nova fase da história do Brasil. Mas, antes disso, a Revolução Francesa já estava provocando outra revolução, ainda mais radical do que ela.

As colônias francesas das Antilhas eram formadas por Martinica, Guadalupe, Tobago, Santa Lúcia e algumas outras pequenas ilhas, além da maior e mais rica de todas: São Domingos, grande produtora de açúcar e com uma elevada população de escravos de origem africana e de seus descendentes livres negros e pardos. Os acontecimentos metropolitanos de 1787 a 1789 ali foram conhecidos e provocaram novas agitações em uma sociedade já bastante polarizada e violenta. Entre 1790 e 1791, ocorreram diversas insurreições, primeiro de pardos e negros livres, em seguida de escravos, potencializadas pelas medidas francesas de extensão da representação política e de declínio dos privilégios da nobreza. Sensível a tais agitações, a Assembleia Nacional da França estabeleceu, em 1791, que assembleias locais das colônias poderiam deliberar sobre a condição de negros e pardos livres. O caráter limitador da medida – pois tais assembleias seriam reunidas e controladas por franceses brancos e ricos – fez aumentarem as tensões, e a rebelião se generalizou, principalmente em São Domingos.

Em meio a avanços e recuos dos conflitos sociais, ataques britânicos contra São Domingos, Martinica, Guadalupe e Tobago, em 1793, mobilizaram forte resistência militar francesa e promoveram a ascensão de líderes locais que logo desempenhariam papel protagonista na revolução, sendo o principal deles o negro Toussaint L'Ouverture (1743-1803). A essa altura dos acontecimentos, a abolição da escravidão em São Domingos havia sido decretada como medida de guerra, emergencial e à revelia da Convenção francesa; mais uma vez acusando a ressonância, na Europa, dos acontecimentos da América, em 4 de fevereiro de 1794 a Convenção aboliu formalmente a escravidão não apenas em São Domingos, mas em todas as colônias francesas. Em Guadalupe, o novo governador enviado pela Convenção, Victor Hughes (um dos personagens do grande romance de Alejo Carpentier, *O século das luzes*, de 1962) oficializou-a, transformando de vez a revolução nas Antilhas em uma revolução antiescravista.

Em 1799, L'Ouverture governava São Domingos; Guadalupe e Santa Lúcia respondiam ao comando da França; e Martinica e Tobago continuavam ocupadas pelos britânicos. Porém, em 1802, já no regime do Consulado, o ditador Napoleão tentou endurecer a dominação sobre São Domingos, restabelecendo a escravidão em todos os territórios coloniais franceses e enviando às Antilhas uma expedição militar. A terrível guerra que se seguiu levou à prisão de L'Ouverture, à ascensão de outro comandante militar negro, Jean-Jacques Dessalines (1758-1806), e finalmente à derrota da França, reconhecida por Napoleão em março de 1803. Meses depois, em 1º de janeiro de 1804, Dessalines proclamou, em São Domingos, a República do Haiti.

A revolução antilhana teve enorme repercussão no mundo ocidental de sua época. Não só por ter sido um desdobramento da Revolução Francesa radicalizado de acordo com estruturas sociais e econômicas do mundo colonial, mas também pelo fato de ter feito triunfar uma massiva rebelião de negros, pardos e escravos; e, finalmente, por ter dado origem a um novo país independente e soberano de acordo com novas condições de possibilidade históricas. A Revolução Americana foi anticolonial, e a Revolução Francesa uma radical transformação política e social; mas a Revolução do Haiti foi tudo isso ao mesmo tempo e ainda mais: antiescravista. E assim ela virou um poderoso paradigma político no espaço de experiência revolucionário moderno. Um paradigma reelaborado, inclusive, no Brasil.

A contestação e a mobilização políticas sempre fizeram parte do cenário não só do Brasil, mas de todas as outras colônias europeias da América. Sociedades agrárias suscetíveis às intempéries da natureza, pressionadas pelas demandas econômicas de mercados internacionais, tensionadas pela exploração e violência do trabalho servil e escravo, ameaçadas por frequentes ataques estrangeiros e governadas localmente em complexos arranjos de poder distantes das metrópoles, as sociedades coloniais estiveram permanentemente sujeitas a ocorrências de episódios violentos de insubordinação. No caso das colônias portuguesas do Brasil, esses episódios apresentaram uma constante: eles nunca afrontavam diretamente o poder real. Contestavam, ameaçavam e atacavam representantes reais, governadores, autoridades eclesiásticas e senhores locais, mas não o máximo soberano. Isso só começou a mudar no final do século XVIII.

Um dos motivos mais frequentes para a ocorrência desses episódios de contestação era a cobrança de impostos, eventualmente considerados injustos e abusivos; como vimos, eles estiveram no âmago dos acontecimentos que desencadearam as revoluções dos Estados Unidos e da França. Na América portuguesa, a questão tributária motivou uma conspiração organizada, entre 1788 e 1789, na capitania das Minas Gerais.

Em um contexto regional de decadência da atividade mineradora aurífera – portanto, de decréscimo dos rendimentos da Coroa portuguesa que tentava compensá-lo com o aperto da tributação – e também de empobrecimento da população, uma denúncia chegou ao governador de Minas Gerais, Luís Antônio Furtado de Mendonça, o Conde de Barbacena: segundo o denunciante,

Joaquim Silvério dos Reis, um grupo de conspiradores endividados planejava um levante na capital de Minas, Vila Rica, a eclodir no dia do anúncio da próxima cobrança de impostos atrasados – a "derrama". O governador, então, suspendeu a cobrança e comunicou a denúncia ao Rio de Janeiro, para conhecimento do governador-geral do Brasil, Luís de Vasconcelos e Souza. Duas investigações foram abertas, e ao longo dos meses seguintes dezenas de pessoas foram presas, muitas testemunhas foram ouvidas e apenas um réu confessou abertamente seu envolvimento no levante: o militar de baixa patente Joaquim José da Silva Xavier (1746-1792), conhecido popularmente como "Tiradentes".

As investigações revelaram o envolvimento de um considerável espectro social, formado por magistrados, proprietários locais, padres, militares e comerciantes. No total, 17 supostos implicados foram condenados ao degredo na África, 10 dos quais haviam sido inicialmente condenados à morte. O magistrado e poeta Cláudio Manuel da Costa morreu na prisão e Tiradentes foi enforcado e esquartejado em praça pública no Rio de Janeiro em 21 de abril de 1792. O único réu confesso dentre os investigados era também o de mais baixa condição social. E em um mundo onde a desigualdade era naturalizada, inclusive com a prescrição de penas diferentes a depender da condição de cada um, sua execução teve um caráter de pedagogia política: nenhum súdito português deveria seguir o exemplo dos contestadores.

Outros componentes inquietantes para as autoridades metropolitanas foram revelados pelas investigações. Nos testemunhos e interrogatórios, houve menção a autores, livros, ideias e conceitos novos. Falou-se de uma república a ser proclamada na capitania, da abolição do poder da metrópole e de elementos difusos que se reportavam à independência dos Estados Unidos. Também houve referências a reuniões secretas e a intentos de angariar apoio a tal república em outras partes do Brasil e do mundo. O fato de Tiradentes ter sido preso no Rio de Janeiro e do estudante português natural do Brasil, José Joaquim da Maia, ter se encontrado com Thomas Jefferson em

Paris em 1786 sondando-o a respeito da possibilidade de apoio dos Estados Unidos a um levante nas Minas Gerais parecem sedimentar essa conexão. De maneira incomum, o poder real parecia estar sendo diretamente afrontado.

A Inconfidência Mineira seria posteriormente elevada à condição de suposto movimento precursor da independência do Brasil, e Tiradentes convertido a herói nacional. Essa mitificação foi obra do regime republicano instaurado no Brasil por um golpe em 15 de novembro de 1889 e que precisou recorrer ao passado para criar símbolos de legitimação da nova ordem. Durante décadas, ninguém tinha considerado a Inconfidência Mineira ou Tiradentes antecessores da Independência – como vimos, os inconfidentes pensavam a política em termos de sua capitania, e não de todos os territórios do Brasil. Durante o processo de Independência, quase ninguém parecia dela se lembrar ou com ela se importar. Mesmo assim, até hoje há quem acredite, erroneamente, nessa versão mítica e deformadora que fez da Inconfidência uma antecessora da Independência. O fracassado levante de Minas Gerais foi outra coisa: um sintoma da inserção das colônias portuguesas da América na Era das Revoluções e na experiência política moderna que então se desenhava, bem como uma demonstração de como tal conjuntura estava sendo constantemente reelaborada e recriada em muitas partes ao mesmo tempo, sem que houvesse um único centro irradiador das novidades políticas por ela promovidas.

Em meio a componentes típicos de movimentos de contestação colonial, a Inconfidência Mineira não deixa dúvidas quanto a sua capacidade de apontar para um futuro novo: o de uma república em espaço colonial e separada de sua metrópole; o que, evidentemente, só podia acarretar a afronta ao poder real. Como vimos anteriormente, o próprio Reformismo Ilustrado português, que abominava ideias como essa, também promovia, à sua maneira, aberturas de futuro e que apontavam para um distanciamento com o passado. Dois projetos de estatura diferente e quase que diametralmente opostos convergiam, então, no esboço, ainda que tímido, dos componentes de uma modernidade política que também começava a dar as caras em outras partes do mundo.

A Revolução Francesa, até por motivos cronológicos, esteve completamente ausente da experiência dos inconfidentes de Minas; dez anos depois, porém, ela se fez notar em outro episódio incomum de contestação esboçado nas colônias portuguesas do Brasil: a Inconfidência Baiana de 1798.

A Bahia era então governada por Fernando José de Portugal (1752-1817), que futuramente seria um dos ministros de D. João no Brasil, após a transferência da Corte. Em fins do século XVIII, ela vivia uma crise de abastecimento, em um contexto de aumento da chegada de escravos e acirramento das tensões inerentes ao escravismo colonial. No dia 12 de agosto de 1798, as igrejas da Sé e do Passo, em Salvador, amanheceram com suas portas adornadas com 11 folhetos, chamados de "avisos" ou "pasquins" (há notícia de outros que existiram, mas foram destruídos ou se perderam). Setenta testemunhas ouvidas afirmaram ter tido conhecimento deles e que a seu respeito houve muitos comentários na cidade. Os avisos falavam em uma linguagem aberta e inovadora: conclamavam o "povo bahinense republicano" a uma revolução popular memorável, propunham matar seus opositores, rejeitavam a naturalização da desigualdade entre os homens, atacavam a autoridade da rainha de Portugal, viam na fundação de uma república democrática e na instauração da liberdade e da igualdade – mencionada inclusive como igualdade racial – um meio de se promover a felicidade de todos os habitantes da Bahia. Algumas testemunhas disseram ainda ter lido ou tido notícia de alguns avisos em que se pregava a libertação dos escravos.

Lidos, escutados, transmitidos ou modificados, os avisos ecoavam claramente as experiências da Revolução Francesa e, na sua abordagem do tema racial-escravista, São Domingos. Também radicalizavam a linguagem política, contestavam frontalmente a legitimidade do poder real e metropolitano e inseriam a contestação em uma perspectiva mundial com enorme ênfase em um futuro novo.

A REVOLUÇÃO SOCIAL PENSADA NA BAHIA

"Aviso ao Povo Bahinense.

Ó vós, Homens Cidadãos, ó vós, Povos curvados e abandonados pelo Rei, pelos seus despotismos, pelos seus ministros...

Ó vós, Povos que nascestes para serem livres e para gozares dos bons efeitos da Liberdade, ó vós, Povos que viveis flagelados com o pleno poder do Indigno coroado, esse mesmo rei que vós criastes; esse mesmo rei tirano é quem se firma no trono para vos vexar, para vos roubar e para vos maltratar.

Homens, o tempo é chegado para a vossa ressurreição; sim, para ressuscitares do abismo da escravidão, para levantares a sagrada Bandeira da Liberdade.

A liberdade consiste no estado feliz, no estado livre do abatimento: a Liberdade é a doçura da vida, o descanso do homem com igual paralelo de uns para outros, finalmente a liberdade é o repouso e bem aventurança do mundo.

A França está cada vez mais exaltada, a Alemanha já lhe dobrou o joelho, Castela só aspira sua aliança, Roma já vive anexa, o Pontífice já está abandonado, e desterrado; o rei da Prússia está preso pelo seu próprio povo; as nações do mundo todas têm seus olhos fixos na França, a liberdade é agradável para todos: é tempo, povo, o tempo é chegado para vos defenderes a vossa liberdade; o dia da nossa revolução da nossa liberdade e da nossa felicidade está para chegar, animai-vos que sereis felizes para sempre."

(MATTOSO, Kátia M. de Queirós. *Presença francesa no movimento democrático baiano de 1798*. Salvador: Itapuá, 1969, pp. 149-150).

À diferença dos episódios de Minas Gerais de uma década antes, os da Bahia se tornaram públicos pelos próprios revoltosos e tocaram no limiar de um movimento aberto. As investigações que imediatamente se seguiram após sua publicização apontaram para a possibilidade de um número muito maior de envolvidos do que na Inconfidência Mineira, e com um espectro social ainda mais amplo, envolvendo desde proprietários de terras, gente do universo letrado e erudito, comerciantes e padres, até militares de baixa patente (muitos soldados), alfaiates (daí o nome pelo qual às vezes o movimento é conhecido: "Conjuração dos Alfaiates") e homens pobres, negros e pardos, talvez até escravos. Um dos próprios avisos falava de 676 os que "já seguem o partido da Liberdade".

Tal situação alarmou as autoridades metropolitanas, que, não nos esqueçamos, conheciam situações revolucionárias ocorridas em outras partes do mundo. Logo veio a dura repressão. Em 16 de agosto, houve a primeira prisão, de Domingos da Silva Lisboa; no dia 23, foi a vez de Luís Gonzaga das Virgens, um soldado com largo histórico de deserções. Dentre os detidos e interrogados em seguida estava o então cirurgião Cipriano José Barata de Almeida (1762-1838), que seria libertado em novembro de 1799 e pouco depois se tornaria um importante jornalista e deputado radical atuante no processo de Independência. Em 12 de dezembro de 1798 veio a condenação real, à qual se sucederam novas prisões. Finalmente, em 8 de novembro de 1799, na Praça da Piedade, em Salvador, e a exemplo de Tiradentes, foram enforcados e esquartejados Luís Gonzaga das Virgens, Lucas Dantas de Amorim Torres, soldados; e Manuel Faustino dos Santos Lira e João de Deus do Nascimento, alfaiates. Outros envolvidos foram açoitados, expulsos da capitania e degredados para a África.

A Inconfidência Mineira tinha esboçado uma república – que às vezes se referia, tradicionalmente, apenas a uma comunidade política – restrita às Minas Gerais, e os conspiradores da Bahia fizeram o mesmo com sua capitania. Porém, sem sombra de dúvida, o segundo movimento portava conteúdos e linguagens mais radicais, além de envolver um espectro social mais amplo e popular do que qualquer outro movimento político jamais organizado nas colônias portuguesas da América. Isso ajuda a explicar o contraste de sua memória em relação ao movimento de Minas: enquanto este foi convertido, um século depois, em um heroico movimento supostamente precursor da Independência, a Inconfidência Baiana foi quase que solenemente ignorada por historiadores e políticos do século XIX; e quando não, foi abertamente condenada como um disparate político. Não era para menos: além de radical demais para os padrões políticos dominantes no Brasil que surgiu da Independência, a Inconfidência Baiana era "pobre" e "negra" demais.

A despeito das diferenças de suas histórias e memórias, tanto a Inconfidência Mineira quanto a Baiana se conectaram com a Era das Revoluções, elaborando projetos, tensões e conflitos típicos de seus contextos coloniais, e assim contribuíram para uma abertura política de horizontes de futuro. Embora tenham fracassado em seus intentos originais – abominadas e combatidas pela ordem metropolitana do Reformismo Ilustrado português – elas inadvertidamente cerraram fileiras com seus próprios algozes no sentido de promoverem uma politização no interior do Império Português. Essa politização, repitamos, apontava para alguns componentes de futuro que, junto a muitos outros mais tradicionais, efetivamente sinalizavam para a concepção de um novo mundo típico da modernidade. Uns, porém, pensavam o futuro como uma reforma; outros, como uma revolução.

No Império Português de fins do século XVIII, a independência do Brasil não estava sendo preparada ou antecipada de nenhum modo. Nem pelas inconfidências das Minas e Bahia, nem por outros movimentos acusados de tramarem contra o poder real, como o que se suspeitou haver em torno dos membros da Sociedade Literária do Rio de Janeiro, em 1794, ou a chamada Conspiração dos Suassuna, em Pernambuco, em 1801. Ainda não havia nenhum horizonte que apontasse para uma separação política entre Brasil e Portugal que, naquela época, não era desejada nem concebida por praticamente ninguém (uma exceção a confirmar a regra era o Abade Raynal, que da Europa prognosticava a futura emancipação das colônias americanas em relação a suas metrópoles). Em outras palavras, não havia ainda *condições de possibilidade* para que a Independência ocorresse, tampouco ela era uma espécie de destino predeterminado da história colonial portuguesa.

O espaço de experiência revolucionário moderno, no entanto, estava disponibilizando novas condições de se pensar e fazer a política que, indo ao encontro de outras transformações da realidade em curso – econômicas, militares, culturais – poderia criar, no Império Português, certas combinações até então improváveis. Um mundo sem metrópoles, a limitação ou abolição dos poderes reais, repúblicas, constituições, princípios democráticos, igualdade social, libertação de escravos... Tais princípios, tornados cada vez mais reais em vários países de finais do século XVIII, seriam, tempos depois, quase sempre frontalmente rejeitados pelos protagonistas do processo de independência do Brasil. Mas essa empenhada e aberta rejeição revelaria que esses princípios já haviam se convertido, nas primeiras décadas do século XIX, em verdadeiros paradigmas políticos. Estavam se tornando possibilidades históricas concretas também no Império Português e no Brasil. Se essas condições se efetivariam ou não, dependeria da própria história construída pelos homens e mulheres que a viveriam.

A POLITIZAÇÃO DAS IDENTIDADES COLETIVAS

Há, por fim, uma última questão importante para entendermos as relações entre esse contexto de fins do século XVIII e a independência do Brasil. Trata-se do processo de politização não apenas de ideias, projetos e ações, mas também de identidades coletivas.

Identidades são um pressuposto de qualquer coletividade e funcionam como dispositivos de coesão e reprodução da vida social. Elas jamais são exclusivas e absolutas, mas sim plurais e coexistentes em um mesmo indivíduo. Desde o início da colonização portuguesa da América, a incorporação das terras do Brasil a um império mundial formado por uma grande variedade de regiões, economias, sociedades, línguas e religiões se fez acompanhar do estabelecimento de uma dinâmica igualmente variada de formas coletivas de se autoidentificar e de se identificar ao outro. Essa diversidade identitária estava organizada e hierarquizada em torno de alguns eixos dominantes comuns: o catolicismo, a monarquia e o reconhecimento da legítima autoridade do rei, ao qual todos os portugueses deviam lealdade. Uma identidade portuguesa assentada nesses três critérios era, portanto, a mais abrangente e estável forma de identidade coletiva, em torno da qual poderiam existir muitas outras.

Um indígena da Amazônia, por exemplo, tornado vassalo do rei pelo Diretório dos Índios de 1757, poderia continuar a se enxergar como membro de uma tribo ou nação indígena; simultaneamente, porém, ele seria *português*. O mesmo ocorreria com um africano trazido ao Brasil como escravo e que depois obtivesse sua liberdade: ele poderia se considerar membro de uma tribo ou nação africana, mas, uma vez livre, ele se tornaria súdito do rei de Portugal, logo, também *português*. Trata-se, claro, de situações cheias de variações, mas que, *grosso modo*, assim funcionavam.

Ser *português*, portanto, e como qualquer identidade coletiva, não era uma condição monolítica, mas plural. Havia muitas maneiras específicas de sê-lo, todas com implicações práticas: branco, pardo, negro; homem, mulher; nobre, plebeu; cristão-velho, cristão-novo; rico, pobre; senhor de engenho, lavrador, militar, clérigo, comerciante, administrador, rentista, proprietário, desprovido de posses, trabalhador braçal, artesão etc. E em meio a todas essas possibilidades, também havia clivagens identitárias segundo o lugar de nascimento e/ou de residência: um português poderia ser da Europa ou da América, de uma capitania ou "pátria" específica (*pernambucanos, paulistas*), e ainda eventualmente identificar-se com um povoado, vila ou cidade.

Os movimentos de contestação ocorridos no Brasil em fins do século XVIII revelaram um processo de modificação dessas dinâmicas identitárias portuguesas: uma *politização das identidades coletivas coloniais*. Ninguém estava falando, sequer pensando, em se considerar *brasileiro*: essa identidade estava totalmente fora das condições de possibilidade daquela época. Porém, e como vimos, os conspiradores de Minas Gerais e da Bahia estavam esboçando ideias de repúblicas correspondentes a suas capitanias. Anos antes, falar em *filhos das minas* ou *bahinense* se referiria apenas a formas de ser *português* segundo associações espaciais e geográficas corriqueiras; agora, e a despeito dos próprios esforços dos reformistas ilustrados de promover e sedimentar a unidade entre todos os portugueses do império, *filhos das minas* ou *bahinense* poderiam se referir a projetos políticos de teor revolucionário, potencialmente antagônicos ao *português*.

Essa politização das identidades coletivas coloniais é mais uma dimensão das aberturas de futuro observadas pela inserção de Portugal e do Brasil na Era das Revoluções. Por vezes, essas aberturas foram tímidas ou inexistentes; por vezes, seguras e poderosas. Futuramente, uma identidade política *nacional brasileira* surgirá não como resultado natural desse desenvolvimento anterior (por anos a fio, ser *português* continuaria a ser uma poderosa e eficaz expressão social); mas a partir dessa associação entre identidades coletivas, projetos políticos e concepções de futuro que começara a surgir em fins do século XVIII.

Guerras europeias, conflitos americanos

AS GUERRAS NAPOLEÔNICAS

Desde que a Revolução Francesa começou a se expandir, o Império Português jamais esteve imune à escalada dos conflitos bélicos por ela desencadeados, e que frequentemente extrapolavam a Europa para envolver territórios coloniais de outros continentes. De maneira pontual, Portugal participou da Campanha do Rossilhão, nos Pirineus, junto a Grã-Bretanha e Espanha contra a França, entre 1793 e 1795; alguns anos depois, em 1799, forças britânicas ocuparam parcialmente os territórios portugueses de Goa, Damão e Diu, na Índia; em 1801, Portugal e Espanha se enfrentaram na chamada Guerra das

Laranjas, que provocou invasões de territórios na Europa e na América do Sul. Mas foi a partir de 1804, quando a França comandada por Napoleão se tornou novamente um império, que as guerras voltaram a se generalizar. Logo elas trariam enormes consequências para Portugal e Brasil.

Um primeiro passo nessa direção foi dado em 1805, quando a Espanha se aliou à França e declarou guerra à Grã-Bretanha, que por seu turno se aliou a Rússia e Áustria. A vitória francesa contra o exército austro-russo em Austerlitz, em 2 de dezembro, e a consequente capitulação austríaca marcaram o avanço francês contra a Europa Central e do Leste e ofereceram uma parcial compensação à derrota frente à marinha britânica em Trafalgar, no litoral da Espanha, ocorrida em 21 de outubro. No ano seguinte, Napoleão coroou aliados e parentes no reino de Nápoles e na Holanda, bateu o exército da Prússia em Jena e Auerstädt, entrou em Berlim, extinguiu formalmente o Sacro Império Romano Germânico (criado no século IX) e decretou, em 21 de novembro, o Bloqueio Continental, fechando todos os portos continentais europeus ao comércio britânico.

O ano de 1807 viu as Batalhas de Eylau (8 de fevereiro) e Friedland (14 de junho) momentaneamente conterem o avanço francês em direção ao Império Russo e provocarem uma momentânea paz entre França, Prússia e Rússia. Pouco depois, em 17 de julho, Napoleão declarou guerra a Portugal. A Corte do príncipe regente D. João, que de início mantivera a neutralidade em face do Bloqueio Continental, tentou evitar a guerra e aderiu formalmente ao decreto francês em 27 de setembro, mas continuou negociando com a Grã-Bretanha. Semanas depois, em 22 de outubro, assinou com o gabinete britânico uma convenção secreta que regulava a relação entre os dois países e previa a retirada da Corte de Portugal em direção ao Brasil sob proteção da marinha britânica.

Não era a primeira vez que a Corte portuguesa cogitava transferir-se para o Brasil e lá estabelecer uma nova sede do Império. Tal medida havia sido aventada em pelo menos seis outras ocasiões: logo após a independência portuguesa em relação à Espanha, em 1640; durante o reinado de D. João v; quando do grande terremoto de Lisboa de 1755; em meio à Guerra dos Sete Anos, especificamente em 1762; durante a Guerra das Laranjas de 1801; e em consequência da reabertura das hostilidades entre França e Grã-Bretanha em 1803. Agora, porém, ela adquiriu um caráter urgente, concebida como medida extrema capaz de garantir a sobrevivência política não só da Corte de D. João e da monarquia de Bragança, mas de todo o Império Português.

Os últimos meses de 1807 foram dramáticos para Portugal. Em 27 de outubro, poucos dias depois da assinatura da convenção secreta luso-britânica, França e Espanha assinaram o Tratado de Fontainebleau, prevendo uma invasão de Portugal e a partilha de seu território. Em 17 de novembro, o exército francês comandado por Jean-Andoche Junot cruzou a fronteira hispano-portuguesa. No dia 22, rumores da invasão chegaram a Lisboa e foram confirmados dois dias depois. No dia 26, o Conselho de Estado português, reunido em caráter extraordinário e sob forte pressão dos acontecimentos, decidiu pela retirada em direção ao Brasil. A Corte e sua comitiva começaram a embarcar às pressas no próprio dia 26, mas só zarparam rumo ao Atlântico quando as condições naturais permitiram, três dias depois. No dia 30, o exército francês entrou em Lisboa.

A invasão de Portugal provocou levantamentos antifranceses em muitas cidades do país, mas nem todas as autoridades lá deixadas por D. João para que governassem durante sua ausência optaram pelo enfrentamento, preferindo o entendimento e a colaboração com as forças invasoras. A guerra entre o exército napoleônico e as forças luso-britânicas foi acirrada a partir de 1810, oscilando entre vantagens de uma e outra parte até 1814, quando os franceses foram definitivamente derrotados e expulsos de Portugal.

Nas primeiras semanas de 1808, quando a Corte já estava no Brasil, as forças francesas ocuparam Roma – onde o papa seria feito prisioneiro – e se voltaram contra a Espanha, antiga aliada cujo território foi ocupado. Napoleão reuniu a família real espanhola em Baiona, forçou a abdicação de Carlos IV e, logo em seguida, de seu filho Fernando VII, coroando seu irmão José Bonaparte, o que despertou enorme resistência popular e militar por todo o país. Em 1809, a guerra entre França e Áustria recomeçou, com a ocupação de Viena e sua incorporação ao sistema continental francês, cujo auge se daria no ano seguinte: em 1810, Napoleão se casou com a arquiduquesa austríaca Maria Luísa da Áustria e anexou a seu Império os territórios de Holanda, Hanover, Bremen, Hamburgo, Lauremburgo e Lubeck. A nova invasão ao Império Russo teve início em 24 de junho de 1812, e nas semanas seguintes avançou até tomar Moscou; mas as forças francesas logo tiveram que abandoná-la, sofrendo seguidos reveses diante do exército russo e retornando destroçadas à França (Liev Tolstói imortalizaria essa história em memoráveis capítulos de *Guerra e Paz*, de 1865).

Atolando na Rússia e apanhando na península ibérica, a França de Napoleão começou seu irremediável declínio. Sucessivas derrotas militares por todo o continente resultaram na abdicação do imperador em 11 de abril de 1814, em seu banimento para a ilha de Elba e na formação de uma poderosa aliança monárquica e antirrevolucionária que, em breve, desempenharia um papel influente inclusive no processo de independência do Brasil: a Santa Aliança. Formada por Áustria, Rússia e Prússia, ela começou a desenhar sua força no Congresso de Viena, reunido entre 1814 e 1815, e que contaria com a participação de diplomatas lusos designados pela Corte então instalada no Rio de Janeiro.

Em 1815, porém, Napoleão fugiu de Elba, retornou à França e tentou reconquistar seu poder político e militar, sendo finalmente liquidado na Batalha de Waterloo, em 18 de junho. Dessa vez, o cativeiro do outrora poderoso imperador dos franceses seria na isolada ilha britânica de Santa Helena, onde passaria seus dias até o último deles, em 5 de maio de 1821.

Logo após o furacão revolucionário francês que durou de 1789 a 1815, a Europa conheceu a restauração de valores políticos pré-revolucionários agora reafirmados de maneira contundente: nada de sistemas democráticos ou princípios de igualdade social, nada de constituições que limitassem ou substituíssem o poder dos monarcas e nem pensar em repúblicas ou regimes de governo afins. Enquanto isso, a Grã-Bretanha estava livre para levar adiante sua expansão comercial e industrial, que, por um bom tempo, não conheceria concorrentes à altura. Inaugurava-se na Europa um período de relativa estabilidade militar e de considerável expansão econômica. Na América, porém, nada estava tranquilo. Nem para a Corte de D. João.

As Guerras Napoleônicas criaram uma situação inédita para o Império Português, convertendo uma antiga cidade colonial em sede da Monarquia e transformando abruptamente as tradicionais relações entre Portugal e o Brasil. Como veremos em seguida, essas transformações, ao incidirem sobre regiões que desde a segunda metade do século XVIII vinham atravessando dinâmicas próprias e conheciam alterações políticas, sociais e intelectuais nem sempre corriqueiras, foram criando condições para outras transformações ainda mais profundas. Como subproduto dessa nova conjuntura inaugurada entre fins de 1807 e começos de 1808 – que por seu turno foi resultado da inserção de Portugal na Era das Revoluções –, o processo de independência do Brasil logo começou a se tornar uma possibilidade concreta.

É importante destacar que muitas pessoas que por essa época viviam no Império Português e no mundo ao seu redor foram construindo "pontes" entre as conjunturas pré e pós-1808. Já mencionamos no capítulo anterior personagens que atuaram nas reformas ilustradas portuguesas ou nos episódios de contestação política de finais do século XVIII, tais como Fernando José de Portugal, Rodrigo de Sousa Coutinho, Cipriano Barata e José Bonifácio. Esses mesmos personagens, assim como muitos outros, teriam papéis destacados nos posteriores eventos da Independência. O Reformismo e as contestações políticas, com suas profundas divergências, mas também com seu comum esforço de abertura de projetos em direção ao futuro, constituíram um laboratório diversificado de experiências políticas que se mostraria ativo durante muitos anos.

O mesmo pode ser dito das Guerras Napoleônicas. Lutando neste ou naquele exército, muita gente viveu a guerra e, pouco depois, com a experiência nelas adquiridas e com visões de mundo por ela moldadas, foi fazer a guerra e a política no Brasil da Independência. Alguns desses personagens podem não ser muito conhecidos do público em geral, mas nem por isso foram menos importantes. São os casos de Carlos Frederico Lecor (1764-1836) e Álvaro da Costa (1789-1835), que atuaram na Província Cisplatina; Luís do Rego Barreto (1778-1840), figura central da política de Pernambuco; de Carlos Frederico de Caula (1766-1835) e Jorge Avilez (1785-1845), que protagonizaram acontecimentos decisivos da Independência no Rio de Janeiro; dos militares britânicos William Carr Beresford (1768-1854) e Thomas Cochrane (1775-1860); ou ainda de Bernardo da Silveira Pinto da Fonseca (1780-1830), João José da Cunha Fidié (?-1856) e José Maria de Moura (1772-1836), figuras-chave do processo no Maranhão, Piauí e Pará, respectivamente. Talvez ainda Pierre Labatut (1776-1849), personagem de destaque na guerra de independência da Bahia, mas cuja atuação na Europa é obscura. E muitos outros poderiam ser mencionados.

A CORTE NO BRASIL

Sempre que o assunto é a chegada da Corte portuguesa ao Brasil, surge a questão: fuga ou estratégia? A primeira opção costuma estar atrelada à visão caricatural de D. João e da família real, frequente sobretudo em obras e autores brasileiros; também costuma resultar de uma postura, muito brasileira, de depreciação de fatos e personagens de sua história, irresistivelmente inferiorizados quando comparados com os de outros países: D. João, sendo supostamente um gorducho medroso e fraco, teria optado por fugir da guerra contra a França ao invés de nela combater. Já a segunda opção, a da estratégia, pode ser vista como uma reação a essa postura caricatural e depreciativa: ao invés de fugir, D. João e seus ministros teriam encontrado um meio de lograr os franceses criando-lhes uma armadilha: uma luta contra forças portuguesas e britânicas coligadas, em um território sem rei, rainha ou Corte, e estando o Império Português seguro e fortalecido em sua nova sede americana. Às vezes, essa explicação serve também para a glorificação de D. João ou de seus ministros.

Para os estudiosos do tema, essa presuntiva polêmica pode ser objeto digno de observação, mas jamais uma fonte de explicações úteis. Pois resulta óbvio que a transferência da Corte ao Brasil foi as duas coisas ao mesmo tempo: uma fuga estratégica. A história dos enfrentamentos militares sempre foi prenhe de exemplos de situações similares nas quais fugir, recuar e evitar o embate foi tido como meio inteligente e eficaz para, em seguida, infligir a derrota ao inimigo (como o momentâneo abandono de Moscou pelo exército russo nas Guerras Napoleônicas). Além disso, a fuga da Corte ao Brasil não significou uma fuga da guerra em si, que aliás foi travada em Portugal em sucessivos e diferentes momentos até 1814.

Outro tema que rende discussões é o do tamanho da comitiva que cruzou o Atlântico. O número de embarcações varia segundo o gosto do leitor: a maioria dos autores fala, com propriedade, em 36, mas há quem tenha contabilizado improváveis 62. Quanto ao número de pessoas, a estimativa canônica, quase que protocolar e reproduzida inercialmente por muitos autores, é de 10 a 15 mil pessoas; tal estimativa, contudo, além de carecer de uma base documental confiável, aparenta ser, com seus números redondos, uma cifra puramente impressionista, ou mesmo inventada. Para todos os efeitos, é muito difícil imaginar toda essa gente cabendo nos navios a ela disponíveis e chegando ao Brasil de uma só vez. Já o número de 20 mil, apresentado por outros, é claramente um chute. Cálculos mais sérios, ainda que com tendência a estimativas subestimadas, falaram de pouco menos de 500 pessoas. O bom senso, portanto, recomenda que o tema seja tratado dentro de um amplo leque de possibilidades que varia entre mais de 500 e menos de 10 mil. O que, convenhamos, não nos diz muita coisa.

A questão das escalas é sempre muito importante no estudo da história. Número de pessoas e de ocorrências, a duração temporal dos processos, distâncias espaciais, cifras de dinheiro e mercadorias e muitas outras coisas quantificáveis devem ser buscadas com o máximo de fidelidade. Porém, a precisão estatística nem sempre fez parte da realidade humana. Durante a maior parte de sua existência, a humanidade tratou números e quantidades de modo apenas aproximativo, sem ter a necessidade e nem o interesse por métodos de contagem precisa. Sem dúvida, em Portugal e no Brasil do começo do século XIX já havia interesse em mensurar com exatidão muitos aspectos da realidade; mas nada que se compare ao que ocorre no mundo atual, verdadeiramente obcecado por números exatos. Isso deve ser levado em conta quando observamos as mensurações realizadas no próprio passado, e que muitas vezes desencorajam que nelas acreditemos piamente. E quando a falta de dados não nos permite chegar a conclusões confiáveis, devemos proceder a uma análise da história menos quantitativa e mais qualitativa. Determinada quantidade era muito ou era pouco? Era normal ou anormal? Seu impacto foi grande ou pequeno?

A quantidade de pessoas que saiu de Lisboa em novembro de 1807 e chegou ao Brasil em janeiro de 1808 foi grande, não há dúvida. E isso não só causou impactos imediatos em Lisboa e no Rio de Janeiro principalmente, mas também impactos duradouros: pois não era nada comum reis, rainhas e príncipes cruzarem um oceano, nem tanta gente ao mesmo tempo se mover de um espaço metropolitano para um espaço colonial. E é por isso que esse acontecimento promoveu tantas mudanças fundamentais no Império Português. Na ausência de números confiáveis, tais conclusões são suficientes.

A comitiva chegou ao Brasil em dois grupos separados. O primeiro arribou ao porto do Rio de Janeiro em 17 de janeiro de 1808 e trazia, dentre outras pessoas, a rainha Maria I, suas irmãs Maria Francisca e Mariana e as infantas (filhas de Carlota Joaquina e D. João). O segundo grupo, onde estava o príncipe regente, desembarcou na cidade da Bahia (atual Salvador) em 24 de janeiro. Foi lá que, quatro dias depois, D. João promulgou a Carta Régia que abriu os portos do Brasil às nações aliadas e neutrais, pondo fim ao monopólio português e, na prática, favorecendo sobretudo comerciantes e produtos britânicos. Com o fim do monopólio e com sua capital transformada em sede do Império, o Brasil deixou de ser colônia de Portugal, passando a enfrentar uma espécie de limbo no tocante ao seu estatuto político formal; ainda estava distante, porém, de um Estado independente e soberano. E não havia nem sombra de uma nação brasileira.

D. João permaneceu na Bahia por aproximadamente um mês, e grupos locais tentaram em vão convencê-lo a lá ficar e fazer da cidade a nova capital do império. O príncipe chegou ao Rio de Janeiro somente em 7 de março, desembarcando no dia seguinte. Em 11 de março deu início a seu governo, nomeando um ministério formado por João Rodrigues de Sá e Meneses (Marinha e Ultramar) e dois outros personagens que já nos são conhecidos: Rodrigo de Sousa Coutinho (Guerra e Negócios Estrangeiros) e Fernando José de Portugal (Negócios do Reino).

O governo de D. João no Brasil se estenderia até abril de 1821, e por vezes é referido como responsável por uma série de melhoramentos na antiga colônia. Essa afirmação não faz sentido. A intenção do príncipe e de seu governo não era melhorar *o Brasil*, mas, a partir dele, fortalecer *o Império Português*. Além disso, tais melhoramentos obedeciam a um determinado ponto de vista centrado na alta administração imperial lusa, muito embora fosse compartilhado também por outros grupos e indivíduos que apoiavam essa administração. Porém, é certo que não diziam respeito à totalidade da população do Brasil e nem a todas as suas regiões. Muita gente não só não viu motivos para comemorar a nova situação do país como aliás preferia sua situação anterior.

Além de obras urbanas que visavam acomodar os novos moradores do Rio de Janeiro e torná-lo uma cidade digna de uma capital imperial, foram tomadas várias medidas administrativas, algumas das quais replicaram, no Brasil, órgãos anteriormente existentes em Portugal. Em 1º de abril foi criado o Conselho Supremo Militar e de Justiça, responsável pela gestão de matérias militares como promoções, nomeações, julgamentos e requerimentos de patentes. Em 5 de maio, foi instituída a Academia dos Guardas da Marinha, para reorganização dos arsenais de guerra e, cinco dias depois, a Intendência Geral de Polícia, responsável pelo controle das práticas e hábitos públicos dos habitantes da capital. Em 22 de abril, foi criada a Mesa do Desembargo do Paço e da Consciência e Ordens, encarregada de assuntos eclesiásticos; e em 10 de maio, a Casa de Suplicação, um tribunal de última instância. Capitanias foram sendo reorganizadas e novas jurisdições criadas. Em seu conjunto, todas essas medidas dotaram territórios do Brasil de um aparato administrativo, político e jurídico incomum. E ao longo de poucos anos a gestão desse aparato se converteria em uma experiência central para o surgimento de um projeto de conversão do governo do Brasil em um Estado independente de Portugal.

No plano econômico, além do monopólio português dos portos, aboliu-se, em 1º de abril de 1808, a proibição ao funcionamento de manufaturas não apenas no Brasil, mas em todo o império – o que não as tornaria capazes de concorrer com a indústria britânica. Também foram criados a Real Junta de Comércio, Agricultura, Fábricas e Navegação, em 23 de agosto, e o Banco do Brasil, em 12 de outubro. A imigração estrangeira foi estimulada. Alguns meses depois, a contrapartida à proteção britânica dada ao traslado da Corte, já oferecida por D. João com a abertura dos portos, se completaria com a assinatura, em 19 de fevereiro de 1810, de dois tratados entre as Cortes do Rio de Janeiro e Londres, ratificados em 26 de fevereiro e 18 de junho: um de comércio, o outro de aliança e amizade. Neles, ampliavam-se as facilidades à atividade comercial britânica no Brasil, bem como confirmavam-se e expandiam-se os termos do Tratado de Methuen, de 1703; também se estabelecia o compromisso português com a abolição do tráfico de escravos, a ser decidida num futuro próximo (mas que, em atenção aos interesses de poderosos grupos políticos e econômicos do Brasil, seria protelada ainda por muitos anos).

No plano de instituições que poderíamos chamar de educacionais e culturais, merece destaque a criação das escolas médicas da Bahia, em 18 de fevereiro de 1808, e do Rio de Janeiro, em 5 de novembro. Em 13 de agosto de 1808, tinha começado a funcionar a Imprensa Régia, também no Rio de Janeiro (outra imprensa, de caráter privado, seria instalada na Bahia em 1811). As primeiras bibliotecas públicas abriram em 1810, no Rio de Janeiro e na Bahia, e o Museu Real seria estabelecido em 6 de junho de 1818.

O impacto da Imprensa Régia no Brasil foi imediato, enorme e duradouro. Seu primeiro objetivo era o de tornar públicas leis, decretos, alvarás e demais decisões oficiais do governo real; indo além, ela passou a imprimir obras de temas políticos, econômicos, literários, científicos e filosóficos, desde que estivessem em conformidade com as diretrizes da censura régia. A Imprensa Régia foi ainda responsável pela criação dos primeiros jornais do Rio de Janeiro: a *Gazeta do Rio de Janeiro*, em 1808, e o *Patriota*, em 1813. Na Bahia, o primeiro jornal, *Idade do Ouro do Brasil*, começou a circular em 1811. E quem se interessasse por assuntos do Brasil e do mundo ainda poderia ter contato com o influente *Correio Brasiliense ou Armazém Literário*, criado em Londres por Hipólito José da Costa em junho de 1808, e que teria grande circulação até o encerramento de suas atividades em dezembro de 1822; bem como a outros jornais e publicações oriundos da Europa, dos Estados Unidos e da América Espanhola. Com o auxílio da imprensa, a nova condição do Brasil como sede da Corte acentuou a politização de ideias e condutas que, como vimos anteriormente, vinha se processando já desde a segunda metade do século XVIII.

Como parte das medidas promovidas no Brasil pelo governo de D. João, foram declaradas guerras de extermínio contra povos indígenas genericamente chamados de "botocudos", principalmente nas capitanias de Mato Grosso, São Paulo, Minas Gerais e Espírito Santo. Do ponto de vista dos reformistas ilustrados portugueses atuantes na nova conjuntura de reestruturação do Império em sua nova sede americana, matar essas populações era uma forma não só de aumentar a segurança em torno dos novos hóspedes do Rio de Janeiro, mas também de promover a "civilização" no Brasil. Paralelamente, o comércio de escravos africanos para os portos do Brasil, que vinha aumentando desde fins do século anterior, cresceu ainda mais e atingiu uma escala até então inédita. Não é de se estranhar, portanto, que revoltas ou tentativas de revoltas escravas continuassem a ocorrer em muitos lugares. E para aumentar os problemas desse Brasil que deveria ter se tornado um baluarte de segurança e tranquilidade para D. João e sua Corte, muita gente começaria a demonstrar descontentamentos em relação aos favorecimentos concedidos a comerciantes e produtos britânicos, em detrimento dos portugueses. Isso ajuda a explicar os rumores e temores que corriam, e não só no Brasil, de que a armada britânica que escoltara a Corte portuguesa poderia, a qualquer momento, se converter de aliada a inimiga.

O BRASIL E A AMÉRICA ESPANHOLA

Além de índios, escravos e comerciantes desfavorecidos, outros descontentes aumentaram as tensões no Brasil a partir de 1808. Esse ponto nos mostra como, naquela nova conjuntura, Portugal e o Brasil estavam renovando sua inserção na Era das Revoluções por meio de componentes políticos e sociais próprios. Antes da invasão francesa a Portugal nada indicava que o Império poderia conhecer alguma ruptura séria, menos ainda que poderia deixar subitamente de existir; ele se encontrava em dificuldades na arena internacional, e quanto a isso as preocupações e mobilizações dos reformistas ilustrados do século XVIII não deixavam dúvidas. Mas agora os motivos de preocupação se multiplicavam e demandavam novas ações, preventivas ou corretivas.

Os acontecimentos e as consequências da independência dos Estados Unidos, da Revolução Francesa, do Haiti e de outras convulsões políticas da Era das Revoluções, à medida que iam ficando para trás no tempo, contraditoriamente iam se juntando para formarem um mesmo manancial plural de paradigmas políticos, de exemplos e contraexemplos a serem seguidos ou rejeitados; enfim, de lições a iluminarem caminhos para um futuro que as Guerras Napoleônicas, ainda em curso, pintavam como temerário, potencialmente novo e por isso mesmo necessário de ser controlado. A essa experiência revolucionária moderna, que não indicava um único ponto de chegada possível, mas vários diferentes e até opostos, logo foram se somando os acontecimentos da América espanhola. Estes teriam poderosos efeitos sobre o Império Português e, em pouco tempo, também sobre a independência do Brasil.

Na América do Sul, as relações mais intensas entre os territórios portugueses e espanhóis se faziam tradicionalmente nas fronteiras entre o Brasil e o Vice-Reino do Rio da Prata. Entre 1806 e 1807, invasões de militares ingleses – mas não diretamente sob o comando do gabinete britânico – a Buenos Aires e Montevidéu provocaram a mobilização de forças locais que, mantendo-se leais à Espanha, conseguiram expulsar os invasores. Pouco depois, a chegada da Corte portuguesa ao Brasil despertou rumores de que D. João queria se fazer reconhecer como soberano de todo o continente, e mobilizou o recente espectro militar britânico sobre a região. Cinco dias após aportar ao Rio de Janeiro com a Corte, o ministro português Rodrigo de Sousa Coutinho se dirigiu por escrito ao governo da cidade de Buenos Aires – chamado de *cabildo* – oferecendo-lhe proteção portuguesa contra eventuais ameaças francesas, propondo a abolição formal do monopólio comercial espanhol na região e a criação – em clara referência a interesses britânicos – de uma zona de livre comércio no Rio da Prata. No caso de uma negativa por parte do cabildo, Sousa Coutinho ameaçava com a mobilização dos recursos que a Portugal haviam sido disponibilizados por sua recente aliança com a poderosa Grã-Bretanha.

O Império Espanhol ainda mantinha a integridade de seus domínios na América, mas a partir dos primeiros meses de 1808 essa situação começou a se alterar. Como mencionamos anteriormente, a França se converteu de aliada a inimiga da Espanha, cuja família real – os Bourbon, que, aliás, tinham origem francesa – foi aprisionada pelos invasores. O império ficou sem sua cabeça, e a soberania real migrou para os povos locais em nome dos quais o rei governava.

Na Espanha, esses graves acontecimentos rapidamente provocaram uma ampla mobilização militar e popular contra os franceses; do outro lado do Atlântico, porém, as notícias foram chegando aos poucos, primeiro como rumores, depois como confirmações de eventos cujos desdobramentos e significados geravam confusões e incertezas. Foi só depois de um bom tempo que os súditos espanhóis americanos foram se dando conta do que estava acontecendo, em momentos distintos a depender dos ritmos de comunicação próprios do Império Espanhol: primeiro no Caribe, Nova Espanha (México) e Venezuela, depois no Rio da Prata, muito depois no Chile e no Peru; e sempre nas regiões litorâneas antes das interioranas. À medida que isso foi ocorrendo, entre 1809 e 1810 o Império Espanhol começou a se fragmentar, dividido por disputas pelo poder que, pouco tempo depois, levariam à criação de uma ordem política inteiramente nova no continente.

Antes, porém, da eclosão das revoluções de independência, a América Espanhola conheceu alguns meses de vazio de poder. Em 1808, a maioria das autoridades de vice-reinos, capitanias e outras instâncias administrativas menores estava mantida, mas sem ter a quem se dirigir, se reportar e prestar sua lealdade. Na Espanha havia instâncias políticas que pretendiam governar em nome do rei impedido, mas o seu reconhecimento não era unânime nem na Europa nem na América. Nesse vazio de poder, a Corte do Rio de Janeiro, junto ao gabinete britânico, continuou procurando espaço de ação. Em 19 de agosto, Carlota Joaquina (1775-1830), a esposa espanhola de D. João e irmã de Fernando VII, redigiu um manifesto a todas as autoridades político-administrativas da América espanhola, oferecendo-se para governar em nome de seu irmão e, com isso, garantir a integridade do Império.

Sabemos com certeza que o projeto carlotista foi conhecido em Filipinas, Nova Espanha, Cuba, Guatemala, Nova Granada (Colômbia), Venezuela, Quito (Equador), Chile, Peru, Alto Peru (Bolívia) e Rio da Prata, sendo este o único lugar em que ele parece ter sido capaz de angariar apoio aberto e declarado – era, afinal, uma região de intensos contatos com o Brasil. As pretensões de Carlota jamais se concretizaram; porém, a ampla mobilização que ela provocou contribuiu para aproximar ainda mais o curso dos acontecimentos do Brasil e da América espanhola, o que continuaria a ocorrer nos anos seguintes.

Assim, as primeiras tentativas de avanço político da Corte do Brasil sobre a América Espanhola não surtiram os efeitos desejados, mas novas oportunidades não faltariam. Após ter ocupado militarmente o território francês de Caiena em janeiro de 1809 (seria restituído à França em 1817), as atenções do governo de D. João se voltaram de vez à América espanhola, onde em 1809 foram sendo formados, nas audiências de Quito e Charcas, os primeiros governos autônomos que, embora se declarassem fiéis a Fernando VII e às autoridades metropolitanas, na prática começavam a romper com essas instâncias de poder. Em 1810, tais governos se generalizaram, formando-se em cidades como Caracas, Buenos Aires, Santiago, Bogotá e muitos outros centros menores. Por toda parte, disputas entre poderes, interesses e projetos políticos diversos alavancaram processos que, poucos anos depois, culminariam, de maneira sinuosa e conflitiva, na independência de quase toda a América espanhola.

Em 1811, o governo português se aliou a Montevidéu realista na guerra contra a Buenos Aires revolucionária; e, em 1816, uma nova intervenção militar na região daria início a um governo português sobre Montevidéu e parte de suas adjacências – a chamada Banda Oriental – e que se prolongaria, com modificações, até os primeiros anos do Império do Brasil. Dinâmicas de fronteira foram aproximando também outras regiões do Brasil e da América espanhola, fazendo com que esta se consolidasse como laboratório prático de experimentação política para o Brasil, sendo desde então uma rica e pujante fonte de paradigmas políticos. Rumores, notícias, documentos, análises e prognósticos relativos às revoluções de independência da América espanhola – muitas vezes em escritos imprecisos e confusos – foram sendo consumidos no Brasil, despertando grande interesse.

DUAS NOTÍCIAS DA AMÉRICA ESPANHOLA EM JORNAIS DO BRASIL, 1813

"As notícias recentemente chegadas, havendo sido assaz demoradas e portanto não passando as suas datas de 3 de Novembro, têm sido já comunicadas em parte, e as folhas que havemos recebido apenas nos oferecem o meio de soldar a cadeia de acontecimentos quebrada muitas vezes pela publicação de uma notícia mais moderna, sem podermos referir os casos que precederão à ação publicada. Pelo que, sem nos embaraçarmos com algum leitor difícil, separaremos somente aqueles fatos já publicados, mencionando os outros ainda que mais antigos, e desta sorte completaremos a história do presente [...]. *AMERICA HESPANHOLA.*

▶ Temos a satisfação de anunciar que expirou a rebelião de *Venezuela* e a guerra civil que ela gerou. *D. Diogo Monteverde*, que pelo meio de Março saiu de *Coro*, convidado pelos oprimidos habitantes, bateu o General *Miranda* e seus Sequazes, tomou *Porto Cabello* e outros distritos, entrou em *Caracas* entre aplausos e vivas dos habitantes fiéis ao Seu Legítimo Soberano *Fernando VII*; fez prisioneiro o mesmo *Miranda* e muitos dos seus chefes (a maior parte *Franceses*). *Paraguai* e *Barcelona* [na Venezuela] arvoraram a bandeira de *Fernando VII* e prenderam os seus chefes revolucionários; exemplo que seguiram outros muitos lugares. *Miranda* foi condenado à morte e outros quarenta chefes. O Marquês *del Toro* escapou de *La Guaira* em uma embarcação que ia para a *América* [Estados Unidos]."

(*Gazeta do Rio de Janeiro*, n. 2, 29/01/1813).

"BAHIA. Pelas Gazetas de *Havana* em Setembro, sabemos que a insurreição d'América *Espanhola* ao Norte [México] está de todo pacificada. Com a prisão dos principais facciosos o povo se aquietou. O número de vítimas sacrificadas pelo ferro e a fome enquanto durou a revolução faz arrepiar os cabelos; e ainda quando aquela louca insurreição sortisse o melhor efeito que se pode imaginar, não valia a pena de tanto sangue e tantas calamidades."

(*Idade do Ouro do Brasil*, n. 17, Salvador, 26/02/1813).

Em 1814, já estava claro que, com o traslado da Corte, o Brasil não tinha se tornado um ambiente tão seguro e estável como se esperara. Por isso, o fim da guerra em Portugal, formalizado em 19 de abril, trouxe à tona uma questão complicada: a Corte deveria ou não retornar a Lisboa? Era seguro para o Império e para a Monarquia dos Bragança que ela deixasse o Brasil? Nesse contexto fortemente conectado com os acontecimentos de outras partes do mundo, a politização dos espaços públicos de discussão no Brasil se alimentava, mais do que nunca, de prognósticos e expectativas de futuro.

O REINO UNIDO DE PORTUGAL, BRASIL E ALGARVES

A mudança da capital imperial de Lisboa para o Rio de Janeiro tinha sido concebida como uma medida urgente e transitória. Em 1814, não era difícil constatar que ela representara um ônus a comerciantes, nobres, militares e outros grupos que permaneceram em Portugal durante a guerra e que viam na nova e destacada posição do Brasil uma ameaça a seus interesses. Tais grupos queriam estar perto do príncipe regente, da Corte e de todos os seus ministros. A situação adversa de uns, contudo, era a oportunidade de outros: pois desde 1808 setores escravistas de comerciantes e proprietários sediados no Brasil, e que vinham se articulando desde o século XVIII, só ganhavam com a nova situação, dinamizando seus negócios e aumentando seus lucros. Cada vez mais também atuavam politicamente na defesa de seus interesses, inclusive das possibilidades de ascensão social a eles abertas por sua proximidade com a Corte no Rio de Janeiro. Cristalizavam-se, no interior do Império, agendas divergentes.

Em 16 de dezembro de 1815, D. João promulgou uma carta de lei transformando o Império Português em uma nova entidade chamada Reino Unido de Portugal, Brasil e Algarves. A medida abolia o antigo estatuto colonial do Brasil, doravante elevado à categoria de reino equiparado a Portugal; e reconhecia formalmente o que na prática já ocorrera em 1808. Mas havia uma motivação a mais para tal medida: concebida por um dos representantes portugueses no Congresso de Viena, Pedro de Sousa Holstein, ou talvez recomendada pelo ministro do Exterior da França agora restaurada, Charles Maurice de Talleyrand, seu fundamento era o de que, tendo em vista a situação revolucionária da América espanhola, conviria ao governo português afastar os riscos de que o Brasil seguisse o mesmo curso. A Corte portuguesa, então, não apenas deveria permanecer no Brasil, como ainda equipará-lo politicamente a Portugal.

A criação do Reino Unido acabou, no entanto, por aprofundar as diferenças e divergências de agenda entre portugueses de Portugal e portugueses do Brasil. Um dos sintomas desse aprofundamento foi o surgimento, em Portugal, de projetos políticos que passaram a defender a limitação dos poderes reais e que, mesclando paradigmas liberais com a manutenção do regime monárquico, levaram à defesa da implementação no Reino Unido de uma monarquia constitucional.

Monarquias constitucionais não eram uma novidade na história europeia; mas, no contexto da Revolução Francesa, a limitação dos poderes reais que elas impunham e as amplas mobilizações de representantes da sociedade reunidos em assembleia que elas pressupunham passaram a adquirir um sentido revolucionário. Na Espanha, durante a guerra contra a França, dezenas de deputados de todo o Império – inclusive da América – haviam se reunido em Cádiz e, em 1812, promulgado uma Constituição. Mesmo revogada com a restauração absolutista de Fernando VII em 1814, a Constituição espanhola e o processo político que a envolveu exerceram enorme influência em Portugal e no Brasil. Houve propostas de união monárquica entre Portugal e Espanha publicadas por periódicos londrinos como *O Português* e *O Campeão Português*, e que de alguma forma faziam eco ao antigo projeto carlotista; e, ao buscar reduzir o peso político do Brasil, elas demonstravam reiteradas insatisfações com a arquitetura de poderes estabelecida no Reino Unido português.

Governos da Europa pós-Napoleão, principalmente os que formavam a Santa Aliança, desaprovavam tanto regimes republicanos como monárquico-constitucionais, e se dispunham até a fazer-lhes guerra caso fosse necessário. A emergência desse novo e revolucionário paradigma político estava enfrentando, portanto, entraves consideráveis. O Brasil-Reino, por enquanto, estava bem ajustado às diretrizes da Santa Aliança, reforçadas ainda mais em 1817 com o casamento entre a arquiduquesa austríaca Leopoldina (1797-1826) e o príncipe português D. Pedro (como era costume à época, um casamento entre autoridades reais obedecia aos interesses políticos e econômicos de suas famílias, e não às palpitações de seus corações). Alguns anos depois, já no contexto da independência do Brasil, D. Pedro se tornaria defensor e protagonista de um projeto de monarquia constitucional que Leopoldina desaprovava, por considerá-los – projeto e marido – excessivamente liberais; mas, mesmo assim, Leopoldina apoiaria a Independência, vendo-a como uma forma de se garantir que o Brasil pelo menos se tornasse uma monarquia ao invés de uma república.

A REVOLUÇÃO DE PERNAMBUCO

Os temores de Leopoldina e da Santa Aliança eram pertinentes. Durante três meses do ano de 1817, o Brasil conheceu uma república, em Pernambuco.

Por muito tempo Pernambuco tinha sido uma das regiões economicamente mais prósperas da América portuguesa graças à produção de açúcar. No começo do século XIX, ela já era decadente, mas ainda produzia, além de açúcar, também algodão, couro, pau-brasil, aguardente, arroz e mel. Pernambuco exercia uma importante posição de centro aglutinador da produção e circulação de mercadorias, riqueza, trâmites administrativos e ideias políticas de toda uma vasta área que envolvia Alagoas, Paraíba, Rio Grande do Norte, Ceará e uma parte de Sergipe. Sua capital, Recife, era o maior centro administrativo e o principal porto da região, conectado com Europa, África e, indiretamente, América espanhola.

Quando a Corte chegou ao Brasil, Pernambuco estava prestes a enfrentar crises de produção que se agravariam com uma somatória de descontentamento por parte de seus moradores: a abertura do comércio português a negociantes estrangeiros, que prejudicou negociantes locais; a carga tributária imposta à capitania para custeio de serviços urbanos da Corte; e o parcial financiamento e recrutamento locais para os exércitos portugueses empenhados nas campanhas militares na Banda Oriental. Além disso, entre 1815 e 1816 o preço do açúcar pernambucano caiu nos mercados internacionais e uma grave seca aumentou os sazonais problemas de abastecimento enfrentados por parte da população.

Fatores tradicionalmente propícios à revolta no mundo colonial agora se concentraram em Pernambuco, que, como as demais capitanias do Brasil, tinha sido transformado administrativamente em uma província. Em 6 de março de 1817, um grupo de descontentes derrubou o governador Caetano Pinto de Miranda Montenegro e instalou um novo governo. Deposição de autoridades locais não era um fato inédito no Brasil, mas agora a coisa era mais séria: pois o novo governo declarava-se republicano – embora contemplasse também grupos favoráveis a uma monarquia constitucional ou a uma federação –, rompia com o Rio de Janeiro, quebrava a unidade do Reino Unido português e anunciava a elaboração próxima de uma Constituição. O novo governo foi liderado por Manuel Correia de Araújo, Domingos José Martins, José Luís de Mendonça, Domingos Teotônio Jorge, João Carlos Mayrink Ferrão e pelos padres João Ribeiro e Miguelinho. Além do governo, foi estabelecido um Conselho de Estado, formado por Antônio de Morais e Silva, José Pereira Caldas, Bernardo Luís Ferreira Portugal, Gervásio Pires Ferreira e Antonio Carlos Ribeiro de Andrada. Além desses personagens – alguns dos quais futuramente estariam ativos no processo de Independência –, o movimento de Pernambuco contou com a participação de um numeroso e heterogêneo grupo formado por proprietários de terras, grandes comerciantes e magistrados, padres, pequenos lavradores, artesãos e outros trabalhadores manuais. Também havia militares de baixa patente, como os integrantes do chamado "Terço dos Henriques", uma milícia formada por afrodescendentes. E lado a lado perfilaram-se ricos e pobres, brancos, pardos e negros, muitos dos quais defendiam explicitamente a igualdade política e a libertação dos escravos.

A REVOLUÇÃO DE 1817, OS "NEGROS" E "MULATOS"

"Ilustríssimo e Excelentíssimo Senhor, Ponho na presença de Vossa Excelência o requerimento de Francisco José de Melo, alferes, que foi do Extinto Regimento Novo de Henriques desta praça, em que pede seis meses de licença para se justificar na presença de Sua Majestade da sua conduta ao tempo da Rebelião, que me foi remetido por aviso de 9 de junho do presente ano para eu informar com o meu parecer. Não foram todos os negros, nem todos os mulatos os que tomaram partido dos rebeldes e se uniram a eles; porém, dos homens destas cores, aqueles que abraçaram a causa dos rebeldes, abraçaram-na de um modo excessivo e insultante, e fizeram lembrar com frequência aos moradores desta Capitania as cenas de São Domingos. Os homens mais abjetos desta classe, os mesmos mendigos, insultaram seus antigos benfeitores, seus senhores ou senhoras, e, se prometiam com todo o despejo ou posse de uma senhora como acontecimento infalível, este grau de orgulho já era tão temível quando o governador Rodrigo José Ferreira Lobo entrou nesta Capitania, e uma das medidas mais eficazes que ele tomou foi punir prontamente com açoites a todos aqueles, de quem se sabia algum fato notável desta espécie, ou que tinha cometido algum atentado a coberto da Rebelião. Depois que tomei posse do governo, continuei o mesmo exemplo menos rigorosamente e por poucos dias. Entre os sujeitos castigados no meu tempo, foi o suplicante que, de fato, foi um dos oficiais de Henriques mais violentos no tempo da Revolução [...]."

(Carta do governador de Pernambuco, Luiz do Rego Barreto, ao ministro do rei, Thomaz Antônio de Vilanova Portugal, Recife, 30/08/1819. Costa, Evaldo; Rosa, Hildo Leal da; Moura, Débora Cavalcantes de (orgs.). *Memorial do dia seguinte*: a revolução de 1817 em documentos da época. Recife: Arquivo Público Estadual/Cepe, 2018, pp. 91-92).

Toda essa efervescência se expressava em linguagens e conceitos políticos inovadores, como "pátria" e "revolução". Este termo, inclusive, foi ressignificado em todo o Reino Unido português pelos acontecimentos de 1817: até então, muita gente ainda utilizava a palavra *revolução* em um sentido antigo, indicativo de um movimento de reforma e alteração controlada e momentânea da ordem; após aquilo que logo passaria a ser conhecido como "revolução" de Pernambuco, a palavra se aproximou do sentido radical a ela atribuído inicialmente na França, de onde vinha se esparramando para outros lugares, como a América espanhola. Também no Brasil ela estava se tornando sinônimo de subversão da ordem e de busca por um futuro coletivo fundamentalmente novo.

A Revolução de Pernambuco atingiu desde Sergipe até o Maranhão, buscou apoio internacional nos Estados Unidos e na Grã-Bretanha, repercutiu na América espanhola e aventou-se que alguns de seus líderes teriam tramado uma expedição a Santa Helena para libertar Napoleão. Durou pouco mais de três meses, sendo duramente reprimida pelas forças militares organizadas pelo governador da Bahia, Marcos de Noronha e Brito, o 6º Conde dos Arcos. Como episódio final do drama, uma esquadra realista comandada por Rodrigo Ferreira Lobo adentrou em Recife em 19 de maio, encontrando uma cidade parcialmente evacuada. As investigações foram concluídas em fevereiro de 1818, e mais de 300 pessoas foram incriminadas; muitas delas acabariam perdoadas por D. João – que agora já era o rei D. João VI –, degredadas para Montevidéu ou mantidas na prisão até 1821, de onde sairiam para, em um novo contexto, se engajar nas guerras de independência do Brasil. Seus principais líderes foram executados publicamente em Recife ou na Bahia.

Os revolucionários de 1817 não elaboraram ou anteciparam qualquer projeto de independência do Brasil, e seus objetivos, por mais amplos que fossem em termos políticos e sociais, limitavam-se a Pernambuco e províncias vizinhas. No entanto, o movimento teve grande impacto na futura Independência, ensejando o surgimento e o fortalecimento de paradigmas políticos – radicalismo, república, federação, constitucionalismo, igualdade social –, alguns dos quais foram ressignificados no novo contexto, enquanto a maioria foi tomada, às avessas, como valores negativos a serem evitados e combatidos. A atitude dominante em relação à Revolução de 1817 seria, no entanto, a simples tentativa de apagá-la da História. Nesse caso, um típico processo de manipulação da história via silenciamento teve início imediatamente após a derrota da Revolução, quando autoridades locais destruíram deliberadamente documentos a seu respeito. Tal silenciamento atravessou as décadas de 1820 e 1830 e se alojou em algumas das Histórias canônicas do Brasil escritas ao longo dos séculos XIX e XX; mas, mesmo assim, ela sempre teve seus historiadores.

A REVOLUÇÃO DE 1817 SENDO APAGADA DA HISTÓRIA

"Faço saber aos que o presente virem, que sendo muito conveniente ao bom serviço de El Rei nosso senhor, a tranquilidade e sossego públicos que desapareça todo e qualquer testemunho que possa transmitir à posteridade fatos autorizados por uma rebelião tão desacordada, injusta e sacrílega, devendo existir somente no coração dos honrados e fiéis pernambucanos o horror de tão enorme crime para lavarem a nódoa, de que os quiseram manchar uns poucos de malvados indignos do nome português, ordeno que toda e qualquer pessoa que conservar em seu poder alguns papéis que outrora pertenciam aos rebeldes, os apresente imediatamente ao ministro encarregado da Polícia, e da mesma sorte todas as escrituras de notas, e processos judiciais feitos desde o dia 6 de março até 20 de maio do corrente ano e todo aquele que assim não o fizer, sabendo-se será julgado pela Comissão Militar. E para que chegue à notícia de todos mandei lavrar este Bando por mim assinado e selado com o sinete das minhas armas, o qual será publicado, e afixado na forma do estilo, registrando-se na Secretaria deste Governo, em todas as Câmaras, e onde mais competir. Dado nesta vila do Recife de Pernambuco, aos 26 dias do mês de julho de 1817."

(Ordem do governador e capitão general de Pernambuco, Luiz do Rego Barreto. Costa, Evaldo; Rosa, Hildo Leal da; Moura, Débora Cavalcantes de (orgs.). *Memorial do dia seguinte*: a revolução de 1817 em documentos da época. Recife: Arquivo Público Estadual/Cepe, 2018, pp. 221-222).

A Revolução de Pernambuco também aprofundou descontentamentos e fissuras que vinham se produzindo no Reino Unido português, e que logo evoluiriam em outras direções. Ainda em 1817, a presença portuguesa se consolidou na Banda Oriental, agravando os descontentamentos de portugueses europeus que não se conformavam com a permanência da Corte na América. Em Portugal, houve uma tentativa de golpe militar que, sob o comando de Gomes Freire de Andrade, tentou depor o governo luso-britânico de Lisboa e terminou com a execução de seus implicados. E ainda em Pernambuco, a Revolução ecoaria em um movimento messiânico na Serra do Rodeador, em 1820, e que também levou à execução de lideranças.

Mas – repita-se – os impactos e a importância da Revolução de 1817 no espaço de experiência revolucionário moderno foram enormes e duradouros. Ela radicalizou – ainda que mais por sua negação do que por sua aceitação – a política no Brasil, cristalizando noções, ações, conceitos, linguagens e projetos, alguns dos quais tinham raízes anteriores, mas que em 1817 já podiam mobilizar um significativo grupo de pessoas compondo um largo espectro social. Mesmo derrotada, a Revolução balizou toda a história política posterior não apenas do Reino Unido português, mas igualmente do Império do Brasil em seus primeiros momentos fundacionais.

Preparação
e viabilização
da Independência

A REVOLUÇÃO DO PORTO
E A LIBERDADE DE IMPRENSA

A Europa pós-napoleônica não esteve isenta dos princípios revolucionários combatidos pela nova ordem representada pelo Congresso de Viena e pela Santa Aliança. E quando a revolução, após ter se manifestado segundo circunstâncias particulares em muitas outras regiões da Europa e da América, finalmente se fez presente também em Portugal, ficou claro que o mundo estava mudando, irremediavelmente, em uma direção fundamentalmente nova.

Princípios republicanos estavam em alta na América, mas não na Europa. No Velho Mundo, os maiores desafios ao absolutismo monárquico vinham do espraiamento de formas políticas baseadas no princípio da limitação dos poderes reais por meio de Constituições e assembleias soberanas de representantes do povo. Sufocada a primeira experiência espanhola dos anos entre 1810 e 1814, outras semelhantes ocorreram a partir de 1818 nos Estados germânicos da Baviera, Bade, Wurtemberg, Hesse-Darmstadt, Nassau, Brunswick e Saxe-Weimar. Em 1820, o constitucionalismo espanhol ressurgiu, seguido por movimentos em Nápoles e no Piemonte, influenciando mais uma vez o Reino Unido português.

Vimos anteriormente como a Corte portuguesa se mantivera na América mesmo com o fim da guerra em 1814, o que foi aumentando as já tensas relações entre grupos de interesse conflitantes sediados no Brasil e em Portugal. A grande diversidade que sempre formara o Império Português foi adquirindo feições de divergências e incompatibilidades internas, tornando cada vez mais difícil a unidade do Reino Unido e da nação portuguesa, que, no plano identitário, envolvia os súditos portugueses de todo mundo.

A transferência da Corte para o Brasil em fins de 1807 tinha sido motivada por uma urgente leitura de conjuntura que indicava ao príncipe D. João e a seus ministros a possibilidade de que ocorresse em Portugal o que, poucos meses depois, acabaria se verificando com a Espanha: a desagregação do império. A manutenção da Corte no Brasil após 1814 também foi movida pelo receio de que o Brasil se separasse de Portugal a exemplo do que vinha ocorrendo com a América espanhola em relação à Espanha. Agora, em 1820, a Espanha e seu Império continuariam a fornecer exemplos e lições que, de acordo com circunstâncias particulares de Portugal e Brasil, subsidiariam a ação de seus habitantes em um mundo que continuava convulsionado.

Em 1º de janeiro de 1820, ocorreu um levante de tropas reunidas na ilha espanhola de Cádiz, que vinham sendo preparadas para serem enviadas à América, mais precisamente ao Rio da Prata. Exércitos espanhóis já tinham cruzado o oceano para lutar contra forças independentistas em 1814, contribuindo naquela ocasião para o recuo dos movimentos revolucionários; agora, esses movimentos tinham ressurgido e dominavam quase toda a América espanhola. A nova expedição era temida inclusive no Brasil, pois ela poderia ameaçar o governo português de Montevidéu. O levante das tropas de Cádiz extrapolou o âmbito de reivindicações militares, canalizou amplos descontentamentos contra o reinado de Fernando VII e levou à reedição do liberalismo constitucional espanhol e da Constituição de 1812. Novas Cortes foram convocadas e, em 7 de março, o rei se viu obrigado a aceitar aquela mesma Constituição que ele havia tentado enterrar seis anos antes.

Nos processos históricos que dão sentido aos grandes acontecimentos, uma determinada forma de pensar ou de agir jamais se mantém idêntica quando se desloca para outro contexto. Ideias e ações políticas não são objetos duros que se movem de uma parte a outra sem se modificarem. É por isso que, em uma conjuntura tão abrangente e dinâmica como a da Era das Revoluções, é preferível substituir concepções como as de "modelo", "fonte", "pioneirismo" ou "origem" de ideias e ações por uma concepção de permanente reelaboração da política em meio a uma *experiência histórica comum*, cujos participantes estão envolvidos em dinâmicas de reciprocidade e vão adquirindo feições próprias a depender das condições, das demandas e das características de cada grupo, lugar e momento.

Foi isso o que correu quando, em 24 de agosto de 1820, um heterogêneo grupo de portugueses europeus formado por comerciantes, militares, funcionários do Estado, profissionais liberais e aristocratas deu início, na cidade do Porto, a um movimento destinado a instaurar um regime constitucional no Reino Unido. À sua maneira, esse movimento acabaria por solapar definitivamente as bases do absolutismo português e, ao mesmo tempo, criar as condições práticas para que surgisse um projeto de independência do Brasil. Os constitucionalistas portugueses estavam promovendo uma verdadeira revolução política, e não estavam simplesmente seguindo o exemplo da Espanha, embora tivessem-no em conta: sintonizados com tendências de sua época, estavam buscando soluções para problemas concretos que viam como afetando diretamente suas vidas. Os rumos que o Império Português havia tomando desde 1807 definitivamente não lhes favorecera.

O levante do Porto exigiu o retorno da Corte a Lisboa, a reunião da tradicional – porém pouco frequente – assembleia de representantes da nação portuguesa, chamadas de *Cortes*, e a elaboração de uma constituição liberal que abrangesse a totalidade do Reino Unido português. No dia em que eclodiu, o levante tornou público um *Manifesto aos portugueses*, redigido por um de seus líderes, Manuel Fernandes Tomás (1771-1822). Nele, a transferência da Corte ao Brasil era tratada como um "dia fatal" que dera início a uma série de desventuras que incluíam, ademais de uma orfandade política para Portugal, uma crise na indústria, na agricultura, no comércio e nas finanças do país. Em 15 de setembro, a revolução chegou a Lisboa e submeteu o governo da Regência (criado por D. João em 1807). E em 22 novembro, foram estabelecidos os critérios para a eleição de representantes de todo o Reino Unido, inclusive das províncias do Brasil, e que deveriam formar as novas Cortes. Tais critérios foram tomados de empréstimo aos constitucionalistas espanhóis, e a Constituição de Cádiz de 1812 seria adotada como base da futura Constituição portuguesa.

A Europa absolutista e legitimista não estava gostando de nada disso. Para organizar uma reação, suas principais potências reuniram dois congressos: o de Troppau, entre outubro e dezembro de 1820; e o de Laybach, entre janeiro e maio de 1821. Neles ficou decidida a intervenção militar contra governos que, mesmo sendo monárquicos, tivessem seguido princípios liberais constitucionais. Foi assim que em dezembro de 1820 a Santa Aliança agiu em conjunto contra os Estados germânicos; e em março e abril de 1821 a Áustria sufocou os movimentos napolitano e piemontês. Espanha e Portugal estavam sob pressão.

Antes mesmo de as Cortes de Lisboa iniciarem seus trabalhos, uma importantíssima medida foi tomada pela Junta de Governo, criada em substituição à antiga Regência: um decreto de liberdade de imprensa, lavrado em 21 de setembro de 1820 e completado por outro de 13 de outubro, permitiu a circulação de impressos portugueses fora de Portugal. Alguns meses depois, estando ainda no Rio de Janeiro, D. João VI reconheceu tais medidas, e pelo decreto de 2 de março de 1821 suspendeu toda e qualquer censura sobre a imprensa em geral. Tais medidas tiveram enorme impacto no Reino Unido português e, sem querer, acabariam contribuindo para a criação de condições para o surgimento e implementação, em um futuro já bem próximo, de um projeto de independência do Brasil.

Vimos anteriormente que a instalação da Corte no Rio de Janeiro em 1808 resultara na criação, na nova capital imperial, de uma Imprensa Régia, antes só existente em Lisboa. Sua finalidade era imprimir e tornar públicas medidas administrativas oficiais, mas acabou por também estimular a publicização de livros, jornais, documentos, notícias e – mais pontualmente – análises diversas. Tudo isso vinha ampliando e politizando espaços de discussão pública em todo o Brasil. Porém, ainda que a censura régia não impedisse totalmente a circulação de conteúdos indesejáveis, ela exercia controle pelo menos sobre suas publicações, o que acabava por limitar a discussão pública. A partir de 1821, essa limitação caiu e a política foi posta em um outro patamar.

Até 1821, somente quatro periódicos tinham sido produzidos no Brasil: a *Gazeta do Rio de Janeiro* (desde 1808), a *Idade do Ouro do Brasil* (desde 1811) e a revista científico-literária *O Patriota* (1813-1814). Publicações produzidas em outras partes do mundo também circulavam no Brasil, sendo a mais importante delas o *Correio Brasiliense*, que em Londres agora disputaria espaço com o *Padre Amaro ou Sovela Política, Histórica e Literária*. Em 1821, com o fim da censura, o número de periódicos produzidos no Brasil saltou para 26 e, em 1822, chegou a 38 (em 1823 recuaria um pouco, para 35). Além de Rio de Janeiro e Bahia, também começaram a produzir periódicos as províncias do Pará, Pernambuco, Maranhão, Minas Gerais e a Província Cisplatina – a antiga Banda Oriental, que agora era governada formalmente pelos portugueses.

Em meio a publicações efêmeras e duradouras, vários jornais passaram a atuar de maneira contundente e destacada nessa renovada vida política do Brasil. Entre eles, o *Revérbero Constitucional Fluminense*, o *Correio do Rio de Janeiro*, *A Malagueta*, *O Regulador Brasílico-Luso*, o *Diário do Governo* e *O Tamoio*; na sede da Corte, somaram-se à *Gazeta do Rio de Janeiro*; ao *Semanário Cívico*, ao *Diário Constitucional* e à *Sentinela Baiense*, ao lado da *Idade do Ouro*, na Bahia; a *Aurora Pernambucana*, a *Segarrega*, a primeira das várias *Sentinela da Liberdade*, a *Gazeta Pernambuca* e o *Tífis Pernambucano*, em Pernambuco; os primeiros jornais do Pará, Maranhão e Minas Gerais, que foram, respectivamente, *O Paraense*, *O Conciliador do Maranhão* e o *Compilador Mineiro*; e ainda o *Pacífico Oriental de Montevideo* e outras publicações feitas em Montevidéu. Todos esses periódicos deram protagonismo político a seus editores, tais como Joaquim Gonçalves Ledo, José Clemente Pereira, João Soares Lisboa, Luiz Augusto May, José Joaquim da Silva Maia, Frei Caneca, Felipe Patroni e o Padre Tezinho, dentre muitos outros.

O crescimento quantitativo e qualitativo dos impressos e dos debates políticos extrapolou os periódicos e se fez também por centenas de publicações avulsas, muitas delas manuscritas e copiadas, conhecidas como "panfletos", semelhantes aos pasquins que os revolucionários da Bahia circularam em 1798; os de 1821, contudo, quase sempre apresentavam teor mais moderado do que seus ilustres antecessores. Já as publicações da Imprensa Régia continuaram controladas e muito moderadas em seus conteúdos, mas também apresentaram um significativo crescimento: dos cerca de 40 títulos publicados em toda a década de 1810, alcançaram 230 em 1821 e 280 em 1822.

Essa verdadeira explosão da imprensa no Brasil e em Portugal alargou o espectro de participação social em debates e enfrentamentos políticos, em um contexto em que cada vez mais gente se interessava pelos acontecimentos antigos e recentes não só do Reino Unido, mas também de outras partes da América, da Europa e do mundo. Mais gente pensava também em possibilidades de futuro, fossem as de seu grupo social, de seu círculo imediato de interesses, de suas províncias ou até mesmo de todo o Reino Unido português. Novas ideias, linguagens, palavras e conceitos – como *liberdade, despotismo, regeneração, pátria, revolução, constituição, nação* – se misturavam, conviviam e disputavam espaço com velhas formas de se pensar e de se expressar a política, a religião, a história e a economia, frequentemente com o uso de armas afiadas pela erudição e pelo decoro de seus protagonistas, mas também por ironias, insultos e ataques pessoais de todo tipo. Jornais e panfletos publicavam-se uns aos outros, sob o formato de artigos de opinião, diálogos fictícios, catecismos, poemas e orações; comentavam, debatiam e atacavam-se reciprocamente, muitos com a participação de leitores e correspondentes quase sempre anônimos ou sob pseudônimos, alguns dos quais aparentemente eram mulheres. Tudo isso em um contexto em que enfrentamentos políticos iam mexendo com velhas e novas identidades coletivas, e em que passados, presentes e futuros se confundiam para juntos se moverem em direções cada vez menos esperadas.

OS "PERIODIQUEIROS" DA INDEPENDÊNCIA

"*Doutor*. Sem esperar pelos frutos da Constituição, vós já podeis ser feliz. Estas mudanças políticas têm oferecido a todos um caminho seguro, e eficaz para ganhar dinheiro, e crédito; podeis lançar mão dele, e não fareis pequena fortuna.

Sebastianista. Qual é?

Doutor. É ser Redator de algum Periódico: este é o melhor meio de fazer fortuna no tempo presente: perguntai aos livreiros os lucros, que com esta especulação têm feito os *Astros,* os *Patriotas,* os *Amigos do Povo*, os *Portugueses Constitucionais,* as *Mnemosines,* os *Templos da Memória,* os *Diários*, as *Minervas*, os *Pregoeiros*, e toda a caterva de Periodiqueiros, que são mais do que sardinhas na costa. Eles vos dirão, que com este Comércio tem lucrado cento por um.

Sebastianista. Santo Deus! Eu Redator! Como poderei eu ser Redator de um Periódico se não tenho nem luzes, nem talentos para tais composições, que exigem vastos conhecimentos, agudo engenho, e profunda sabedoria?

Doutor. Enganai-vos: vós podeis fazer o mesmo que os outros fazem, que sem terem essas luzes, esses talentos, essa erudição, que supondes necessária, vão escrevendo no papel o que querem, e recolhendo na bolsa o que desejam.

Sebastianista. Já não há patos, que larguem a pena.

Doutor. Se não há patos, há patolas, patinhos, e patetas, que dão dinheiro para ouvi-los grasnar: tentai a obra, e eu vos afiançO um grande interesse."

(MACHADO, Frei José. Novo mestre periodiqueiro ou diálogo de um sebastianista, de um doutor e de um ermitão, sobre o modo de ganhar dinheiro no tempo presente. In: CARVALHO, José Murilo de; BASTOS, Lúcia; BASILE, Marcello (orgs.). *Guerra literária*: panfletos da independência. Belo Horizonte: Editora UFMG, 2014, v. 3, pp. 445-446).

A atuação dos representantes de províncias do Brasil nas Cortes de Lisboa, assim como o conhecimento de seus debates e determinações, encontrariam, do outro lado do Atlântico, um ambiente propício a divergências de interesses. Em 1821 e 1822, essa divergência foi criando uma irremediável fissura na unidade daquela nação portuguesa que a transferência da Corte procurara garantir, e que as Cortes agora tentavam preservar, mas que em pouco tempo não seria mais possível praticar.

1821: AS CORTES DE LISBOA
E A SUPOSTA "RECOLONIZAÇÃO DO BRASIL"

Os trabalhos das Cortes de Lisboa iniciaram-se em 24 de janeiro de 1821 com a verificação e confirmação da eleição de cada deputado. Dos 71 então presentes, todos eram de Portugal. No Brasil, onde as escolhas dos representantes de cada província ainda estavam por ser feitas, os processos eleitorais seguiram diretrizes gerais tomadas de empréstimo ao constitucionalismo espanhol, mas ocorreriam segundo características e contextos específicos de cada lugar. Como vimos anteriormente, desde tempos coloniais as distintas regiões da América portuguesa tinham suas particularidades, e isso ainda se mantinha em começos do século XIX. É muito importante destacar essa questão porque a mobilização provocada no Brasil pelas convocações das Cortes de Lisboa alterou profundamente as dinâmicas políticas em cada província, o que nos ajudará a entender por que o processo de Independência, cujas condições começavam a ser dadas nesse momento, seria, em realidade, um conjunto de processos menores interligados entre si.

A primeira capital provincial a aderir à Revolução do Porto foi Belém, no Grão-Pará, em 1º de janeiro de 1821. A segunda foi a cidade da Bahia, em 10 de fevereiro. No Rio de Janeiro, a adesão foi feita em 26 de fevereiro, quando D. João e sua Corte se viram obrigados, por pressão popular, a se submeter à autoridade do novo governo de Lisboa. As províncias de Pernambuco, Minas Gerais, São Paulo e a Cisplatina aderiram em março; Maranhão, Goiás e Rio Grande do Sul, em abril; Rio Grande do Norte e Piauí, em maio; Alagoas, em junho; Espírito Santo e Mato Grosso, em julho; Ceará, em novembro; e a Paraíba em fevereiro de 1822, mais de um ano após as Cortes terem iniciado seus trabalhos. A primeira deputação proveniente do Brasil a tomar assento em Lisboa foi a de Pernambuco, em 29 de agosto de 1821; depois vieram as do Rio de Janeiro, Maranhão, Bahia e São Paulo, esta somente em 11 de fevereiro de 1822. As deputações de Minas Gerais e Província Cisplatina não chegaram a tomar assento.

Entre os eleitos encontravam-se vários personagens que vinham acumulando experiências políticas no interior do Império Português desde fins do século XVIII, como Cipriano Barata e Francisco Agostinho Gomes, envolvidos na Inconfidência Baiana de 1798; e Antônio Carlos Ribeiro de Andrada e Francisco Muniz Tavares, egressos agora arrependidos da Revolução de Pernambuco de 1817. Também havia muitos padres, publicistas e militares, tipos profissionais cada vez mais envolvidos na política da época.

A escolha dos deputados não foi feita em bloco: não havia, portanto, uma deputação *do Brasil* ou *de Portugal*, mas sim de cada província daqueles reinos. Cada grupo de representantes carregava instruções, orientações ou demandas de seus locais de origem, e nenhum deles se considerava, de início, unido aos de outras províncias por interesses comuns supostamente brasileiros. Todos eram portugueses. Afinal, embora tivesse se tornado sede da Corte em 1808 e reino em 1815, o Brasil não era uma unidade política coesa e coerente. Ainda não. E o desenrolar dos trabalhos constituintes em Lisboa acabaria por criar, sem querer, essa unidade.

Quando as primeiras adesões à Revolução do Porto ainda estavam sendo feitas no Brasil, o velho tema do retorno a Portugal de D. João VI, sua família e ministros voltou com tudo; afinal, essa era uma exigência do vitorioso movimento constitucional. Um folheto anônimo originalmente escrito em francês, traduzido ao português e difundido em cópias manuscritas e por transmissão oral – algo muito comum naquela época – resumia a questão. O autor de *Le Roi et la Famille Royale de Bragance doivent-ils, dans les circonstances présentes, retourner en Portugal ou bien rester au Brésil?* era taxativo: o rei e a Corte deveriam desobedecer às ordens das Cortes de Lisboa e permanecer no Brasil. Portugal poderia muito bem passar sem o Brasil, mas a recíproca não era verdadeira; D. João VI conseguiria conservar e até fortalecer a integridade de seu poder no Brasil, a parte mais importante do Reino Unido, e com isso debilitar a revolução portuguesa em curso; já a sua partida seria o prelúdio da independência do Brasil. O autor lembrava ainda a "influência irresistível" exercida sobre o Brasil pelas revoluções da América espanhola, inclusive o republicanismo que seria necessário se evitar a todo custo.

Em começos de 1821 a retomada do tema foi muito relevante, porque com a nova conjuntura inaugurada pela Revolução do Porto, a permanência ou não da Corte no Brasil implicava a possibilidade de desobediência ao novo governo de Portugal, exercido pelas Cortes de Lisboa. Essa desobediência seria progressivamente defendida no Brasil ao longo dos anos de 1821 e 1822 e ofereceria uma situação de oposição, de enfrentamento e de alteridade perfeita para o rápido desenvolvimento da ideia de que não apenas o Brasil *poderia* passar sem Portugal, mas que *deveria* fazê-lo. Sobretudo depois de D. João VI anunciar, em 7 de março de 1821, seu retorno iminente a Lisboa, tornando seu filho D. Pedro regente do governo do Brasil. Em 22 de abril, uma reunião de propósitos políticos incertos na Praça do Comércio desembocou em um tumulto popular, duramente reprimido pelas tropas comandadas por Carlos Frederico de Caula, deixando numerosos mortos e feridos. E no dia 26, o rei e sua comitiva, após 13 anos no Brasil, finalmente rumaram para Lisboa.

O príncipe D. Pedro, no entanto, ficou encarregado por seu pai de governar com um conselho de quatro ministros: o próprio Caula (Negócios da Guerra); o 6º Conde dos Arcos, Marcos de Noronha e Brito (negócios do Reino do Brasil); o Conde de Louzã, Diogo José de Eça de Meneses (Negócios da Fazenda); e Manuel Antônio Farinha (Negócios da Marinha). Foi a partir da gestão governamental desse grupo que, nos meses seguintes, e principalmente ao longo de 1822, foi se construindo o projeto não apenas de um *governo*, mas de um *Estado* do Brasil.

Antes de partir, D. João e o então ministro de Negócios Estrangeiros e Guerra, Silvestre Pinheiro Ferreira (1769-1846), transmitiram instruções ao governo português de Montevidéu, a cargo de Carlos Frederico Lecor, para que encaminhasse uma resolução definitiva para o problema da Banda Oriental. As instruções eram para que Lecor reunisse um congresso de representantes locais que decidiria o futuro político da região, sendo três possibilidades aventadas: consolidação da união com o Brasil, incorporação por alguma das províncias do antigo Vice-Reino do Rio da Prata ou sua constituição em um Estado independente. Na Corte, a expectativa era claramente pela segunda ou terceira opções, e que com isso se eliminasse um enorme foco de tensão com as Cortes, que detestavam as seguidas intervenções de D. João na região do Rio da Prata, vistas como demonstrações de uma política excessivamente americanista em detrimento de Portugal. Lecor, no entanto, fortalecido com as vitórias militares obtidas em anos anteriores sobre as forças de José Gervásio Artigas (1764-1850) e prestigiado por grandes comerciantes e proprietários locais que apoiavam o governo português, conduziu a questão de acordo com seus próprios interesses. Reunido entre 15 de julho e 8 de agosto e todo controlado por Lecor, o Congresso Cisplatino optou pela união da região ao Brasil, com a criação formal da Província Cisplatina. A Corte, já em Portugal, nada pôde fazer e muitos deputados europeus das Cortes ficaram ainda mais descontentes. À medida que os deputados provenientes do Brasil foram tomando assento, seus trabalhos em Lisboa foram se tornando mais difíceis.

As Cortes não eram apenas constituintes: além de elaborar a nova Constituição portuguesa, elas deveriam legislar, criando e implementando medidas de governo ordinárias. Havia, é certo, um anseio generalizado de *regenerar* e *reformar* a nação portuguesa para mantê-la unida; mas, para além disso, as divergências seriam muitas, por vezes até separando e antagonizando representantes das próprias províncias do Brasil. Em meio a essa dispersão, porém, dois blocos informais foram se constituindo. É por isso que, ao cabo de seus trabalhos, as Cortes conseguiriam pelo menos duas grandes coisas: elaborar e implementar uma nova Constituição e fomentar um bem-sucedido projeto de rompimento do Brasil em relação a Portugal. A primeira era desejada por todos os deputados; a segunda, não. Vejamos como as duas coisas ocorreram.

Várias discussões e deliberações das Cortes foram dando motivo a uma divisão de interesses entre deputados do Brasil e de Portugal. Na sessão de 24 de abril de 1821, por exemplo, foi apresentado um primeiro projeto de regulamentação das relações comerciais entre o Brasil e Portugal, que, desde 1808, tinham sido muito transforma-das em função da abertura dos portos, das vantagens obtidas por negociantes e mercadorias britânicos e pelo desenvolvimento da atividade nos portos do Brasil. Como os deputados provenientes do Brasil ainda não estavam presentes, a discussão foi sendo postergada até que um novo projeto foi apresentado em março de 1822, sen-do ele rejeitado por deputados que o consideraram desfavorável ao Brasil. Meses antes, em setembro de 1821, os ânimos já tinham sido acirrados com a possibilidade, aventada por alguns representantes de Portugal, de envio de tropas para províncias do Brasil onde houvesse algum tipo de convulsão. Outro ponto de discórdia foi a criação da Província Cisplatina, que, como vimos, aumentou a percepção de que Portugal vinha sendo preterido em relação ao Brasil. Mas foram sem dúvida os decretos aprovados pelas Cortes em 29 de setembro e 1º de outubro de 1821 que causaram maior divisão: neles, exigia-se o retorno de D. Pedro a Portugal, extinguiam-se os tribunais criados no Rio de Janeiro desde 1808 e organizavam-se governos ultramarinos subordinados diretamente a Lisboa.

Produzindo uma espécie de efeito cascata, todos esses momen-tos foram antagonizando interesses, posições e discursos, levando a uma polarização entre muitos – mas não todos – deputados da América e da Europa. Estes afirmavam que 1808 produzira uma inversão de papéis, com Portugal se subordinando ao Brasil; aqueles, que o Brasil é que estava sendo inferiorizado em relação a Portugal. Publicados e comentados extensivamente na imprensa e em panfletos produzidos no Brasil, os debates e embates ocorridos em Lisboa subsidiaram um argumento político poderoso: o de que as Cortes queriam "recolonizar" o Brasil.

Esse argumento, com toda sua carga retórica, foi criado e utilizado como uma ferramenta de luta política ao longo de 1822. Afirmar não apenas um antagonismo, mas uma verdadeira incompatibilidade de posições dentro do Reino Unido português passou a interessar aos cada vez mais numerosos defensores da separação. A rigor, não é verdade que as Cortes quisessem recolonizar o Brasil: com toda a sua heterogeneidade de posições, elas trabalhavam a duras penas e com resultados cada vez piores para reinventar a unidade nacional portuguesa, o que deveria necessariamente incluir as províncias do Reino do Brasil. No entanto, tornou-se verossímil um argumento e uma retórica que interessavam ao rompimento, e muita gente nisso acreditou à própria época. O problema é que, a despeito de sua natureza de ferramenta deliberada de luta política, a suposta "recolonização" do Brasil pelas Cortes foi tomada passivamente por muitos historiadores posteriores aos acontecimentos, como se ela tivesse sido realmente uma tentativa concreta. Muita gente até hoje persiste nesse erro.

A "recolonização" do Brasil, no entanto, contribuiu para angariar apoio ao governo de D. Pedro no Rio de Janeiro, que seguiu resistindo às determinações contrárias das Cortes e, mantendo-se no Brasil, foi se articulando com grupos políticos e econômicos sediados também em outras províncias, fortalecendo-se cada vez mais. Enquanto isso, as Cortes seguiam trabalhando, e em 23 de setembro aprovaram a nova Constituição para o Reino Unido, mas que para o Brasil já nascia obsoleta. Assim mesmo, quase todos os deputados de províncias do Brasil assinaram-na, enquanto sete combativos representantes de São Paulo e da Bahia, não: eles abandonaram as sessões em protesto, divulgaram um manifesto justificando sua postura e, por conta própria e clandestinamente, retornaram ao Brasil. Dentre eles, Cipriano Barata, Francisco Agostinho Gomes, Antônio Carlos de Andrada e Diogo Feijó.

INDEPENDÊNCIA(S)

Em começos de 1822, a América espanhola era quase toda independente e republicana. Tal situação acabava por impactar no Brasil, fosse pelo temor de que ele seguisse o curso dos países vizinhos, fosse pelo peso dos positivos e inspiradores exemplos, deles advindos, de ruptura entre colônias e metrópoles, dentre os quais se destacaria, a partir de julho, o de um Estado monárquico: o Império Mexicano, comandado por Augustín I. Além dessa pressão externa sobre o Reino Unido português, as Cortes de Lisboa continuavam a produzir as suas. Em 15 de fevereiro chegou à Bahia o decreto das Cortes de nomeação do novo governador Inácio Luís Madeira de Melo, rechaçado pelo então governador Manuel Pedro de Freitas Guimarães e seus partidários, o que levou a uma breve guerra civil, terminada dias depois com o triunfo de Madeira, 200 mortos ou feridos e uma forte militarização da província. O espectro do que acontecera na Bahia pairava também sobre outras províncias, receosas de intervenções militares pelas Cortes. E para muitos grupos políticos dessas províncias, uma alternativa ao governo de Lisboa parecia ser, cada vez mais, o governo do Rio de Janeiro, a cargo do príncipe D. Pedro.

Atendendo à solicitação de centenas de representantes desses grupos, D. Pedro declarou publicamente, em 9 de janeiro de 1822, sua desobediência às Cortes e sua determinação de permanecer no Brasil (a data se tornaria conhecida na memória nacional brasileira como o "Dia do Fico"). Dois dias depois, D. Pedro comandou a expulsão do Rio de Janeiro das tropas de Jorge Avilez, associadas às Cortes; e no dia 16 de janeiro reorganizou seu ministério, cujo principal nome seria José Bonifácio de Andrada e Silva (1763-1838). Em termos práticos e simbólicos, a regência de D. Pedro ia ganhando autonomia em relação às Cortes e canalizava as insatisfações que elas nutriam em grupos políticos e econômicos sediados no Brasil.

A Independência estava adquirindo contornos nítidos. Em 16 de fevereiro, D. Pedro convocou um órgão consultivo encarregado de analisar as decisões das Cortes relativas ao Brasil, consideradas cada vez mais "recolonizadoras", além de despóticas, tirânicas, injustas e outras coisas semelhantes. O Conselho de Procuradores das Províncias do Brasil era integrado por figuras importantes de várias províncias, alguns dos quais com destacada atuação na imprensa periódica: José Bonifácio, Joaquim Gonçalves Ledo, José Mariano de Azeredo Coutinho, Caetano Pinto de Miranda Montenegro, Joaquim de Oliveira Álvares, Manoel Antonio Farinha e Lucas José Obes. A intenção de D. Pedro com tal conselho era clara: construir, em torno de sua autoridade pessoal, um governo de unidade em todo o Brasil e que evitasse o esfacelamento que ocorrera na América espanhola. E catapultando o projeto político de independência para o futuro, mas sem romper com a ampla aceitação que o constitucionalismo português obtivera no Brasil desde a Revolução do Porto, D. Pedro afirmou seus princípios liberais convocando, em 3 de junho, uma assembleia constituinte encarregada de futuramente fazer, para o Brasil, aquilo que as Cortes de Lisboa estavam fazendo para Portugal (e não mais, segundo ele, para o Brasil): uma Constituição.

Todas essas medidas tiveram grande repercussão e provocaram uma multiplicação de declarações formais e informais de apoio a D. Pedro que claramente acentuavam os atributos particulares e singulares do Brasil, no interior do Reino Unido, como incompatíveis com os de Portugal. Autoridades provinciais foram então manifestando sua adesão e apoio ao governo do Brasil, colaborando com sua implementação, reforçando a autoridade do príncipe também simbolicamente e, de quebra, iam tentando por seu intermédio resolver disputas locais de poder.

MUITOS INTERESSES EM JOGO

"Senhor – Os oficiais da Câmara da Vila das Alagoas, capital da Província, aproveitando a oportuna ocasião do secretário da Junta do Governo da mesma Província, que de comissão, parte agora aos Augustos Pés de Vossa Alteza Real, tem a honra de oferecerem a Vossa Alteza Real seus cordiais parabéns pela feliz aclamação que o Reino do Brasil e esta Província tem feito a Vossa Alteza Real seu perpétuo Regente e Protetor, tendo já rogado ao sub e dito enviado o predileto encargo de agradecer a Vossa Alteza Real a resolução de ficar neste Reino, que tanto preza a obediência a Vossa Alteza Real, como sempre à excelsa Casa de Bragança.

Digne-se, pois, Vossa Alteza Real aceitar estes puros sentimentos de uma Câmara voltando as benfazejas intenções de um Príncipe incomparável, sobre a Vila das Alagoas, que tanto se acha decaída pelo muito que o Governo anterior de 1819 e 1820 a prejudicou nas prerrogativas, de Capital da Província.

A muito alta e poderosa pessoa de V. A. R. Deus Guarde por muitos anos, como havemos mister.

Vila das Alagoas em Câmara, de 13 de Julho de 1822.

José Rodrigues Lisboa.

Narciso Corrêa Machado.

Francisco de Araújo Lima Caldas.

Antônio José Pinto.

Francisco José Leocádio.

Antônio Fernandes Jorge de Oliveira."

(*Documentos para a história da independência*. Recife: Instituto Histórico e Geográfico de Alagoas, 1972, pp. 24-25).

Em 1822, a palavra *independência* tinha um significado um pouco diferente do atual. Hoje, ela indica principalmente a não sujeição. Porém, de acordo com um dicionário da língua portuguesa publicado em 1813, ela queria dizer "a liberdade de sujeição, de fazer o que se quer sem autoridade ou consentimento de outrem". Ou seja: *liberdade de sujeição*, e não *ausência de sujeição*. No plano político, portanto, uma independência poderia significar a capacidade de escolha de um determinado corpo de *se sujeitar ou não* a outro corpo político. É por isso que o projeto de independência do Brasil que estava em curso poderia contemplar, inclusive, a manutenção dos vínculos com Portugal, como queriam alguns de seus defensores, ou então a ruptura desses vínculos, como desejavam outros. Para todos os efeitos, porém, seria o governo do Brasil, suas autoridades e sua principal liderança que deveriam escolher os destinos do Brasil, e não as Cortes de Lisboa.

O processo de Independência sempre contemplou em seu interior vários processos menores, várias independências. Essa pluralidade se referia a diversos projetos, regiões e agentes, o que implicava diferentes possibilidades de sujeição ou de ruptura: com as Cortes de Lisboa, com uma junta de governo provincial, com uma autoridade local qualquer, eventualmente até com senhores de escravos, proprietários de terras ou controladores da mão de obra. Em comum a todas essas independências possíveis e nem sempre convergentes, estava o fato de elas terem sido desencadeadas por um processo geral sem o qual não existiriam. E em 1822, o desenrolar desse processo geral, organizado em torno da ruptura com as Cortes de Lisboa, dependia cada vez mais da adesão ou não a ele das províncias que até então tinham formado o Reino do Brasil, cada uma com suas próprias circunstâncias internas.

Além disso, a Independência necessitava se afirmar perante governos de outros países. Nessa direção, D. Pedro decretou, em 1º de agosto, que quaisquer tropas portuguesas ou de outras nações que desembarcassem no Brasil sem sua autorização seriam tratadas como inimigas de guerra; e, em 6 de agosto, divulgou um manifesto dirigido às nações estrangeiras, no qual justificava sua conduta à frente do governo do Rio de Janeiro e pedia seu reconhecimento internacional. Logo em seguida, o príncipe enviou cartas ao seu sogro, Francisco I, o pai de Leopoldina, buscando não se indispor com a Santa Aliança, da qual a Áustria fazia parte. E, no dia 12, nomeou encarregados formais de negócios junto aos governos de Londres, Paris e Washington, respectivamente, Felisberto Caldeira Brant Pontes, Manoel Rodrigues Gameiro Pessoa e Luiz Moutinho Lima Álvares; pouco depois, Jorge Antonio Schaeffer foi enviado, como um agente mais informal, junto ao governo de Viena. Por esse tempo, e procurando se adiantar a outras potências, os Estados Unidos já tinham enviado ao Rio de Janeiro um encarregado, Condy Raguet.

Desde 1808, e como típico sintoma de conjunturas revolucionárias nas quais até mesmo os esforços por conservação desembocam em novos pretextos para a transformação, vinham sendo paulatinamente criadas tensões e confrontos dentro do Império Português que identificavam portugueses do Brasil e portugueses de Portugal como portadores de interesses divergentes. E desde 1820 foram sendo gestadas as condições para que desse acúmulo de camadas de processos históricos surgisse um projeto de independência do Brasil viável e perseguido por grupos esparramados em diversas províncias. Mas foi sem dúvida entre os meses de janeiro e outubro de 1822 que o Brasil, finalmente, se fez independente: isto é, separou-se de Portugal. Nada garantia que essa independência seria duradoura, é verdade, mas foi entre esses meses que ela se concretizou, exigindo esforços posteriores de consolidação; mas seriam antes esforços de reforço de algo que já existia do que de criação abrupta de algo novo.

E o que, afinal, ocorreu no dia 7 de setembro de 1822? Um pequeno acontecimento que não foi imediatamente valorizado justamente por não ser de grande importância em comparação com os demais que tinham ocorrido e ainda ocorreriam naquele ano; mas que posteriormente se tornaria o principal marco da memória da Independência. Um marco da memória, e não da história.

Os fatos são os seguintes. Em 13 de agosto, D. Pedro deixou o Rio de Janeiro e rumou a São Paulo, onde parecia haver problemas de apoio a seu governo – um movimento de contestação que ficaria conhecido como "Bernarda de Francisco Inácio" – e que o príncipe esperava resolver pessoalmente. São Paulo era, junto com o Rio de Janeiro, Minas Gerais e Rio Grande do Sul, uma das províncias nas quais esse apoio vinha sendo mais forte, além de ser a terra de seu principal articulador político, José Bonifácio (nascido em Santos) e particularmente atingido pela Bernarda. Na ausência de D. Pedro, a regência ficou oficialmente a cargo de Leopoldina, devidamente assessorada por Bonifácio e outros ministros – e é bom que se diga que a imperatriz jamais assinou qualquer "declaração de independência", que aliás nunca existiu; tampouco foi ela a responsável pela ruptura final entre Brasil e Portugal. Ao adentrarem em São Paulo, D. Pedro e sua comitiva pernoitaram em Lorena no dia 19; em Guaratinguetá no dia 20; cruzaram Pindamonhangaba e chegaram a Taubaté no dia 21, a Jacareí em 22, e permaneceram em Mogi das Cruzes até a manhã do dia 24, quando se dirigiram à Penha (que hoje é um bairro de São Paulo) e lá pernoitaram. D. Pedro entrou na capital da província no dia 25, onde permaneceu até 5 de setembro logrando restabelecer sua autoridade. No dia seguinte, esteve em Santos, de onde começou seu regresso a São Paulo.

Foi então que, estando próximo ao riacho do Ipiranga – que hoje também é parte de um bairro de São Paulo – recebeu notícias, transmitidas pela regência do Rio de Janeiro, inclusive por Leopoldina e José Bonifácio, acerca de novas medidas das Cortes de Lisboa contrárias a seu governo. A membros de sua comitiva, que era então de 38 pessoas, D. Pedro parece ter afirmado que as ligações com Portugal estavam definitivamente rompidas. É provável que essa afirmação tenha sido feita com algum grau de solenidade, incluindo a retirada das insígnias portuguesas de seu uniforme e dos de seus acompanhantes, atiradas ao chão, e a pronúncia de alguma frase formal e de efeito. E não é segredo para ninguém o fato de que, na ocasião, o príncipe montava uma mula e estava com problemas digestivos – duas situações absolutamente corriqueiras que, portanto, não deveriam merecer destaque nem chacota posterior. E foi só. Há relatos sucintos de quatro testemunhas oculares, todos feitos posteriormente. O mais fidedigno e próximo aos acontecimentos é o do padre Belchior Pinheiro de Oliveira, de 1826; os do coronel Manuel Marcondes de Oliveira e Mello, comandante da comitiva, e do tenente Canto e Mello, ajudante de ordens, são de quatro décadas depois. O mais extenso de todos é também o mais romanceado e fantasioso, o de Paulo Antônio do Valle.

E a vida então seguiu: D. Pedro voltou a São Paulo e foi recebido com os festejos habituais que lhe competiam. Nessa ocasião, parece que já circulava o bordão "Independência ou Morte", que remete à politização da guerra promovida pela Revolução Francesa e difundida na América espanhola por Simón Bolívar, mas que não deve ter sido bradado no dia anterior. E de lá D. Pedro retornou ao Rio de Janeiro, onde chegou em 14 de setembro.

Ocorrida um mês depois, a aclamação de D. Pedro I como imperador em 12 de outubro foi, para todos os efeitos, muito mais impactante para a consolidação da Independência do que os fatos de 7 de setembro. Nessa época, a aclamação de um novo monarca era um evento de grande importância, pois não apenas oficializava a sucessão dinástica como apresentava formalmente, ao conjunto do "corpo" social, a sua nova "cabeça". Por isso eram eventos cercados de grande pompa, fortemente ritualizados, e que serviam como momentos de reafirmação da coesão e da unidade daquela sociedade. Em alguns países ainda regidos por sistemas de governos semimonárquicos (como Reino Unido, Holanda, Japão e Tailândia) é assim até hoje. No entanto, em 12 de outubro de 1822, não se tratava apenas de continuidade e reforço de uma ordem; em meio a esses componentes e por mais incongruente que isso possa parecer, tratava-se igualmente de afirmação de uma nova ordem. Pois a independência do Brasil ocorreu como uma profunda ruptura com Portugal e com o Reino Unido português, embora manipulando a seu favor vários elementos de continuidade, dentre os quais os mais poderosos eram a monarquia de Bragança e – para efeitos de articulação de interesses socioeconômicos – a escravidão mercantil africana.

Na aclamação de 12 de outubro, a escravidão não foi louvada publicamente, embora estivesse há tempos sendo defendida com afinco no plano da alta política imperial portuguesa; a monarquia, sim. Esse dia era o de aniversário do novo imperador, ocasião em que o Campo de Santana, no Rio de Janeiro – atual Praça da República –, se viu coberto por milhares de súditos do novo soberano e ampla e cuidadosamente decorado para saudar a ele e sua família. Os festejos duraram o dia todo, em meio a gritos de "viva", orações, descargas de canhões e fogos de artifício, e chegaram ao ápice quando D. Pedro, do alto do balcão de um de seus palácios, aceitou solenemente seu encargo e saudou a multidão. Como de costume, a aclamação de um novo monarca se completava com sua coroação. A de D. Pedro I se fez em 1º de dezembro de 1822, na Capela Real do Rio de Janeiro, em uma cerimônia mais reservada do que a aclamação, mas também cheia de pompa e repleta de simbolismos. O pintor francês Jean-Baptiste Debret (1768-1848), que estava no Brasil desde 1816, deu à posteridade a sua representação desses dois momentos decisivos da Independência. À época mais importantes, sem dúvida, do que o Sete de Setembro.

Jean-Baptiste Debret, *Aclamação de D. Pedro I Imperador do Brasil:
no campo de Santana, no Rio de Janeiro.*
(*Voyage pittoresque et historique au Brèsil*, 1834-1839).

Jean-Baptiste Debret, *Coroação de D. Pedro I*
(Palácio do Itamaraty, Rio de Janeiro, 1828).

A separação do Brasil em relação a Portugal agora estava formalmente definida: tinha sido amparada em poderosos interesses socioeconômicos que levaram ao empoderamento de D. Pedro I e solidamente construída por uma sucessão de eventos que, ao gerarem outros eventos, foram multiplicando e aprofundando diferenças de interesses americanos e europeus, criando finalmente fissuras irremediáveis na unidade do agora esfacelado Reino Unido de Portugal, Brasil e Algarves. No entanto, consumada a separação, a Independência ainda precisaria se afirmar, dentro e fora do Brasil. E essa afirmação decorreria de sua capacidade de gerar resultados profundos, que, em finais daquele frenético ano de 1822, tinham sido apenas esboçados. O *governo* brasileiro ainda precisava se firmar como um *Estado* brasileiro, reconhecido na arena internacional, onde teria que conciliar interesses estrangeiros do mais variados, e também internamente, onde a resistência à imposição de uma nova ordem seria violenta. E a cisão nacional e identitária entre os portugueses de dois continentes ainda deveria resultar em uma nova nação e uma identidade nacional brasileiras, até então apenas esboçadas.

A consolidação da Independência

INDEPENDÊNCIA E UNIDADE

E screvendo na década de 1960, o célebre historiador Sérgio Buarque de Holanda (1902-1982) afirmou que "no Brasil, as duas aspirações – a da independência e a da unidade – não nascem juntas e, por longo tempo ainda, não caminham de mãos dadas". Em outras palavras: a separação política do Brasil em relação ao Reino Unido português não teria acarretado, de imediato, a criação de uma unidade política. Vale a pena discutirmos essa ideia.

Vimos no capítulo anterior como, no linguajar político da época, *independência* não queria dizer necessariamente *total separação*. Queria dizer, antes de mais nada, *autonomia*, isto é, capacidade de tomada de decisão no tocante à sujeição política ou não. Para os defensores do principal projeto de independência que surgira entre 1821 e 1822, essa palavra significava que eles poderiam tomar decisões políticas sem seguir os ditames de Portugal (das Cortes ou do rei); poderiam, inclusive, tomar qualquer outra decisão acerca do futuro político do Brasil. E assim, enquanto muita gente sustentava a independência como forma de separação total do Brasil em relação a Portugal, outras usavam do mesmo conceito para defender justamente o contrário: a permanência do Brasil no Reino Unido português, mas com dirigentes, instituições e escolhas próprias. Entre as duas posições havia outras, enfatizando ora aspectos positivos e negativos de um lado, ora do outro. É por isso que, como bem destacou Sérgio Buarque, *independência* não implicava, necessariamente, *unidade*.

No entanto, entre aqueles que defendiam a independência como uma total ruptura com Portugal, havia uma ideia de que o Brasil deveria construir uma unidade; e que esta deveria ter como base os antigos territórios portugueses da América. Ou seja: para tais grupos, as aspirações de independência e de unidade nasceram, sim, juntas e eram perfeitamente equivalentes. Mas se nesse ponto a afirmação de Sérgio Buarque não é de todo válida, ela se mostra novamente acertada quando constatamos que a unidade que tais partidários da independência almejavam teve que ser construída, e a duríssimas penas, por sobre a forte oposição que ela encontrou em muitas regiões do Brasil. Afinal, não havia uma única independência em curso, mas várias, a depender de cada lugar, província e grupo que pôde vislumbrar, durante o processo, boas oportunidades para a realização de seus interesses específicos.

Durante o ano de 1822, a sustentação e o fortalecimento da autoridade do então príncipe regente D. Pedro foram sendo feitos em meio a manifestações de apoio e adesão ao projeto político nele centrado. Porém, cresciam também as oposições, seguidas por demonstrações de lealdade às Cortes de Lisboa e ao rei D. João VI. Fosse de um lado ou de outro, todos esses sinais escapavam de um único padrão e obedeciam a circunstâncias, interesses e jogos de poder específicos de cada província ou região do Brasil.

A construção da unidade política a partir da independência foi, assim, um processo sinuoso, conflitivo e violento, em que diversos interesses convergentes ou conflitantes se encontraram para formar um contexto em que não faltaram episódios de enfrentamento militar. Esses episódios devem ser levados a sério por quem estuda a história, e, mesmo que eles tenham respondido a situações próprias de cada região, integram um contexto mais amplo que lhes dá pleno sentido. As guerras de independência contribuíram para que a unidade política em construção se tornasse também uma unidade nacional.

AS GUERRAS DE INDEPENDÊNCIA

Desde sempre, as guerras de independência do Brasil foram condenadas a um certo esquecimento na História e na memória nacionais. E embora muitos historiadores as tenham estudado com afinco e seriedade, e memórias em torno delas estejam vivas em várias cidades e estados do país, esse esquecimento ainda é uma tendência forte. A origem dessa atitude remonta ao próprio processo de Independência, quando muitos dos partidários da ruptura entre o Brasil e Portugal criaram uma versão da história que lhes interessava: o Brasil seria uma entidade política valorosa e superior às demais que o circundavam no continente americano porque, ao contrário destas, teria nascido de modo pacífico, sem grandes convulsões sociais, evitando destruição e derramamento de sangue. O Brasil e os brasileiros seriam, então, sábios, moderados e propensos ao entendimento. Essa versão foi sendo difundida pelo século XIX, e se consagrou na obra do historiador Manuel de Oliveira Lima, *O movimento da independência*, publicada no Centenário de 1922, e segundo a qual a independência teria sido, metaforicamente, "um desquite amigável".

A despeito dessa versão idílica, a história do Brasil seguiu sendo uma história recheada de eventos violentos, assentada em estruturas – a desigualdade social, o racismo – também violentas. As guerras de independência são uma das fundações desse estado de coisas, e as mobilizações militares e batalhas que ocorreram em províncias como Bahia, Ceará, Piauí, Maranhão, Pará e Cisplatina foram muito importantes para que independência e unidade finalmente convergissem na criação desse Brasil que existe até hoje.

Em 1822, o Reino Unido português não contava com um exército unificado. No Brasil, as forças armadas eram *grosso modo* divididas em três, como nos tempos da colonização, embora tivessem passado por muitas reformas e, em termos práticos, pudessem variar de feições e se até confundir, a depender de cada província. Um primeiro corpo armado, minoritário, eram as tropas de linha ou simplesmente "exército": eram contingentes regulares, treinados, remunerados e preferencialmente recrutados em Portugal embora, com o tempo, tivessem passado a recrutar cada vez mais também habitantes do Brasil. Esse corpo contava com as patentes mais altas, quase sempre destinadas a portugueses europeus, e só atuava no Brasil quando fosse enviado por Portugal. Um segundo corpo, igualmente minoritário, eram as milícias, também chamadas de terços ou tropas auxiliares. Era recrutado na colônia, armado e treinado por autoridades locais, mas não era remunerado e atuava principalmente em ambientes urbanos. Por contarem com moradores do Brasil, as milícias possuíam grande contingente de afrodescendentes livres e de indígenas. Finalmente, um terceiro corpo, largamente majoritário, eram as ordenanças. Não treinadas e não remuneradas, as ordenanças formavam uma espécie de força amadora e de reserva em relação aos dois outros corpos, eram recrutadas por senhores de engenho e, por isso, predominavam em ambientes rurais. A exemplo das milícias, as ordenanças também podiam contar com largos estratos de afrodescendentes e indígenas.

O Exército Imperial unificado foi sendo organizado paulatinamente entre 1824 e 1831, *pari passu* a extinção dos tradicionais corpos militares (há uma mitologia ainda hoje vigente que afirma, erroneamente, que o Exército Brasileiro surgiu nas lutas contra os holandeses na metade do século XVII). Nas guerras de independência, portanto, os três corpos militares ainda existiam e com frequência se misturaram, embora as tropas de linha, por estarem sob o mando das Cortes de Lisboa, tenham se posicionado majoritariamente no campo contrário às forças independentistas. Em ambos os lados, oficiais portugueses e estrangeiros, neófitos ou experimentados nas Guerras Napoleônicas, foram mobilizados contra ou a favor de homens (pouquíssimas mulheres, como Maria Quitéria) livres pobres, brancos, negros, índios ou miscigenados. Em troca da promessa de liberdade, houve ainda casos de escravos armados.

Durante as guerras de independência, cada vez que um corpo militar era mobilizado, reuniam-se contingentes cujo tamanho podia variar muito, desde duas ou três dezenas até cinco ou seis mil soldados; e nem sempre esses corpos efetivamente entravam em combate. Embora o grosso das tropas se localizasse no Rio de Janeiro, em Pernambuco e na Bahia, as batalhas mais relevantes, como veremos a seguir, ocorreram em territórios da Bahia e do Piauí; mas escaramuças menores, terrestres ou navais, assim como guerras de guerrilha, também aconteceram no Maranhão, no Pará e na Província Cisplatina. A capital paraense, Belém, sofreu uma ameaça de bloqueio naval de forças imperiais, enquanto em Salvador e Montevidéu o sítio durou semanas. Em todas aquelas províncias, porém, houve mobilização militar suficiente para tipificar situações de guerra: recrutamentos, deslocamentos de tropas e ajuda humana e militar de umas para outras.

É verdade que, em uma observação rápida e em comparação com mobilizações de outras regiões do globo mais ou mesmo da mesma época – como as intermitentes guerras francesas revolucionárias e napoleônicas (1792-1815), a tentativa de reconquista francesa de São Domingos (1802-1803), a guerra entre Estados Unidos e Grã-Bretanha (1812-1815) ou as guerras de independência da América espanhola (1810-1824) –, os eventos do

Brasil talvez pareçam pequenos, pouco frequentes e não muito violentos. Mas não é bem assim. No estudo da história, cada realidade deve ser analisada, em primeiro lugar, de acordo com seus próprios padrões, e não com padrões alheios e estranhos a ela. Nessa ótica, não é difícil constatar quão grandes e importantes foram as guerras de independência do Brasil para o próprio Brasil: basta considerarmos a escala de mobilização e destruição por elas provocadas a partir de uma equivalência entre as populações da época e as populações atuais daqueles mesmos lugares. Tais números poderão nos surpreender.

As guerras de independência do Brasil se inserem em uma conjuntura mundial típica de fins do século XVIII e começos do XIX, da qual fazem parte muitas outras guerras e enfrentamentos armados. Nessa conjuntura, as tradicionais lutas em campos de batalha bem definidos, travadas entre soldados profissionais e motivadas por disputas entre monarquias, estavam aos poucos sendo substituídas por guerras que podiam ocorrer em qualquer hora e lugar, penalizando não combatentes e movidas por forças políticas cada vez mais ideológicas. Estava surgindo o que muitos autores chamam de *guerra moderna*, embora ainda faltasse a tais eventos o componente capitalista industrial que, em sua chocante plenitude, se apresentaria ao mundo somente com a Primeira Guerra Mundial (1914-1918). As guerras de independência contaram com a participação de muitos ex-combatentes das Guerras Napoleônicas, mas as "pontes" entre essas várias situações bélicas foram realizadas também por veteranos da América espanhola, dentre os quais pelo menos dois foram protagonistas dos eventos no Brasil: Thomas Cochrane, experimentado no Chile e no Peru para em seguida atuar na Bahia e no Maranhão (no Pará atuaria um subordinado seu, John Pascoe Grenfell); e Pierre Labatut, ex-combatente na Venezuela e em Nova Granada e figura central nos acontecimentos posteriores da Bahia.

Dentre os aspectos característicos da guerra moderna, as motivações político-ideológicas foram os mais salientes nas campanhas da independência do Brasil. E eles já são suficientes para que levemos muito a sério o que aconteceu em 1822, 1823 e 1824: pois em torno de um "projeto brasileiro" contrário a um "projeto português", foram sendo mobilizadas forças armadas que, embora se enfrentassem com pouca frequência, estavam contribuindo sensivelmente para a consecução da maior obra do processo de independência: o surgimento de um Estado, de uma nação e de uma identidade nacional brasileira. As guerras de independência ajudaram a cimentar o rompimento com Portugal e a pavimentar o caminho em direção a um Brasil não português. Além disso, a curto prazo, com seu armamento de homens pobres pretos, índios, e mestiços, eventualmente até de escravos, tais guerras estremeceram hierarquias sociais e tiveram enorme impacto nas finanças do Império do Brasil, fomentando uma crise que desembocaria no fim do Primeiro Reinado, em 1831.

Na província da Bahia, a mobilização militar teve início já em começos de 1822, antes portanto da formalização da Independência. Em 19 e 20 de fevereiro, a substituição do governador de armas e natural da Bahia, Manuel Pedro de Freitas Guimarães, pelo novo designado pelas Cortes de Lisboa e natural de Portugal, Inácio Luís Madeira de Melo, provocou conflitos armados que resultaram na vitória de Madeira e em duas ou três centenas de mortes. A mais famosa delas é a da abadessa Joana Angélica, morta a golpes de baioneta ao tentar impedir a invasão do claustro do Convento da Lapa, em Salvador, por soldados a serviço de Madeira e que tinham fugido do forte de São Pedro (posteriormente, Joana Angélica se tornaria, na memória da independência do Brasil na Bahia, uma espécie de heroína). A oposição ao governador fora de Salvador cresceu, concentrando-se principalmente em Cachoeira; também politizou diversas camadas da sociedade provincial, inclusive negros livres e escravos e deu vazão a muitos acertos de contas locais. E a partir de junho, várias vilas foram se manifestando a favor do príncipe regente e contra Madeira, provocando uma guerra civil.

Foi esse cenário que a independência do Brasil encontrou na Bahia. Já mencionamos no capítulo anterior que um decreto de

1º de agosto de 1822 declarava inimigas quaisquer tropas militares que, vindas do exterior, desembarcassem no Brasil sem o consentimento do príncipe regente. Isso significava que forças leais às Cortes de Lisboa poderiam ser combatidas em guerra formal. Em outubro de 1822, esse combate se acirrou com a chegada à Bahia da expedição militar comandada pelo mercenário francês Pierre Labatut, a serviço de D. Pedro, e que deu início a um dramático sítio de Salvador. Em 8 de novembro ocorreu, nas vizinhanças da cidade (hoje um bairro de Salvador), a Batalha de Pirajá (cerca de 2.500 combatentes), vencida pelas forças independentistas. A guerra endureceu com a chegada, em abril de 1823, das forças navais chefiadas pelo escocês Thomas Cochrane, também ele um mercenário. A derrota final dos exércitos portugueses de Madeira se deu em 1º de julho e, no dia seguinte, D. Pedro i foi aclamado em Salvador (esta data até hoje é celebrada como o dia da Independência do Brasil na Bahia). A guerra de independência na Bahia durou quase um ano, mobilizou algo em torno de 22 mil combatentes – a imensa maioria provenientes de milícias e ordenanças – e resultou em centenas de mortos. Proporcionalmente, no Brasil de hoje, com seus 211 milhões de habitantes, isso significaria uma luta envolvendo 1 milhão e 500 mil soldados.

No Maranhão, as guerras de independência têm seu embrião nas primeiras dissidências abertas em relação ao governo do ainda príncipe regente D. Pedro, e que remontam a junho de 1822; inclusive por parte do governo da capital, São Luís, que se mantinha leal às Cortes de Lisboa. Já nas províncias do Ceará e do Piauí, fortemente ligadas ao Maranhão, a adesão ao príncipe era maior. Em outubro, Parnaíba, no Piauí, declarou-se adesista ao Império do Brasil, e em janeiro de 1823 foi a vez da capital da província, Oeiras. Tais manifestações foram combatidas pelo então governador de Armas, o major João José da Cunha Fidié, que permanecia leal a Portugal. Em março de 1823, o Maranhão foi invadido por forças independentistas do Ceará e do Piauí, e Fidié buscou refúgio junto a sua tropa em uma cidade maranhense, Caxias, desde então convertida em um bastião realista. Reorganizadas, as forças de Fidié conseguiram avançar sobre várias vilas do Piauí, e em 13 de março, perto de Campo Maior, se depararam com um significativo contingente de forças contrárias, comandadas pelo capitão Luis Rodrigues Chaves. Foi então que se deu a célebre Batalha do Jenipapo, vencida pelas armas de Fidié. Algumas versões acerca do que ali aconteceu falam de 1.000 ou 1.600 soldados bem comandados por Fidié, sendo os do lado oposto cerca de 2.000, pior treinados. As mortes podem ter sido de 200 do lado independentista, e apenas 20 do lado de Fidié, embora outra versão fale de 400 no total. Na escala populacional do Brasil de hoje, isso equivaleria a mais de 26 mil mortos.

Após a Batalha do Jenipapo ocorreram violentas escaramuças entre bandos rivais dispersos. Contudo, reforços armados vindos do Ceará – inclusive índios – e também arregimentados no próprio Piauí viraram o cenário a favor das forças independentistas. Em 23 de maio, cerca de 6 mil homens deram início ao cerco de Caxias; em 18 de junho, o comandante realista de Itapicuru Mirim, José Félix Pereira de Burgos, trocou de lado, o que levaria à retomada da vila, onde D. Pedro I foi aclamado em 20 de julho de 1823. A partir daí, a conquista de São Luís e Alcântara contou com o auxílio do mesmo Thomas Cochrane, que poucos dias antes auxiliara o governo do Rio de Janeiro na guerra da Bahia, e que no Maranhão capturou pelo menos 10 embarcações de forças leais a Portugal (o número entre 50 e 60, às vezes aventado, parece exagerado). A aclamação do príncipe regente em São Luís, em 28 de julho (ainda hoje um feriado estadual no Maranhão) não encerrou de imediato as lutas contra as forças comandadas por Fidié, que, ainda instalado em Caxias, só se rendeu em 7 de agosto. Nesse vasto palco de guerra formado por Maranhão, Piauí e Ceará, as forças favoráveis ao Império do Brasil podem ter chegado a 18 mil homens; se tal número for plausível, pode-se supor que, no total de ambos os lados, se enfrentaram pelo menos 30 mil soldados, ou seja, um número ainda maior do que os da guerra de independência na Bahia.

No Pará, o embrião dos conflitos também remonta a 1822. Desde abril, a província era comandada pelo governador de Armas José Maria de Moura, que não aderiu ao governo do príncipe regente. A oposição local ao governador estava concentrada no periódico *O Paraense*, editado por Filipe Patroni Maciel Parente até junho de 1822, e em seguida por João Batista Campos, quando então se converteu em ferrenho defensor da autoridade de D. Pedro. Com a formalização do Império do Brasil em fins daquele ano, as dissidências provinciais se generalizaram, e a partir de março de 1823 o governador aumentou a perseguição a seus opositores. E a despeito da adesão a D. Pedro I em Marajó, Cametá, Santarém, Macapá, Monte Alegre e Vigia, a capital Belém e outras localidades permaneciam firmes na lealdade às Cortes. A situação mudou a partir de 10 de agosto de 1823, quando chegou a Belém o almirante inglês John Pascoe Grenfell, despachado por Thomas Cochrane – agora indicado por D. Pedro I como comandante da recém-criada Marinha Brasileira – para dobrar a resistência paraense ao Império do Brasil. Grenfell ameaçou bombardear a cidade com uma poderosa esquadra que, na realidade, se resumia a uma única embarcação com 90 tripulantes. Era um blefe. Mas em uma cidade toda dividida, foi o bastante para conseguir a adesão de Belém ao Império do Brasil, em 15 de agosto (a exemplo do que ocorre com Bahia e Maranhão, também o Pará comemora o fim de sua guerra de independência com um feriado estadual).

Diferentemente do que ocorrera na Bahia, no Piauí e no Maranhão, a independência do Brasil no Pará não foi marcada por guerra aberta; mas mesmo lá houve mobilização militar, enfrentamentos armados entre pequenos grupos envolvidos em disputas de poder locais, e foi uma ameaça de guerra – o bombardeio de Belém – que decidiu a sorte dos acontecimentos. Além disso, naquela província ocorreu um dos episódios mais paradigmáticos da violência característica da fundação do Império do Brasil. Em 16 de outubro de 1823, em meio a desordenados enfrentamentos entre grupos rivais nas ruas de Belém, o governo provincial solicitou a Grenfell que interviesse. O militar inglês, então, perseguiu centenas de pessoas, ordenou o fuzilamento de 5 e encerrou outras 256 no porão do navio Palhaço, fundeado em Belém; no dia seguinte, quando o porão foi reaberto, apenas 4 estavam vivas, 3 das quais morreriam logo em seguida.

No extremo sul do Brasil, o governador da Província Cisplatina, Carlos Frederico Lecor, desde cedo aderiu ao Império do Brasil, mas teve de enfrentar a lealdade às Cortes concentrada em Montevidéu e liderada por seu ajudante geral, Álvaro da Costa. Forças armadas imperiais comandadas por Manuel Marques de Sousa, Sebastião Barreto, José de Abreu e pelo oriental Frutuoso Rivera controlavam o interior da província, e foi lá que Lecor se instalou: primeiro em Canelones, logo em San José. Com a participação dessas forças, mas também de uma esquadra proveniente do Rio de Janeiro, o cerco a Montevidéu foi anunciado em 23 de janeiro de 1823 e endureceu a partir de 21 de outubro, levando à rendição de Costa e de suas tropas em 18 de novembro de 1823. Mas a adesão de Montevidéu ao Império se faria somente em 14 de fevereiro do ano seguinte, após a retirada total das forças portuguesas da cidade.

Durante seus 11 meses de duração, o sítio a Montevidéu mobilizou cerca de 4 mil soldados, para contabilizarmos apenas as forças de ataque. Nesse período, houve dezenas de enfrentamentos armados por terra e por mar, resultando em algo entre 100 e 150 mortos dos dois lados. E se alguém achar essa cifra irrisória, basta constatar que um conflito dessa magnitude, no Uruguai de hoje (3,5 milhões), significaria entre 5 e 7,5 mil mortos.

As guerras de independência do Brasil, portanto, não foram nada desprezíveis, seja em termos de frequência de enfrentamentos, de escala de gente envolvida ou ainda de destruição provocada. Elas foram, de acordo com seus próprios padrões, eventos profundamente impactantes para o Brasil daquela época, e não podem ser menosprezadas de nenhum ponto de vista. Elas ajudaram a construir uma unidade política e territorial para o Império do Brasil, e que não estava nada assegurada quando da formalização da independência; além disso, deram uma contribuição enorme para a distinção de identidades políticas, fazendo com que fosse cada vez mais impossível um *brasileiro* ser, ao mesmo tempo, um *português*.

Finalmente, ao se mesclarem com conflitos políticos e sociais, e com conjunturas econômicas próprias de cada província e região do Brasil, as guerras de independência envolveram um considerável espectro social, armando e por vezes empoderando militares de carreira, mas também multidões de combatentes amadores, pessoas pobres de diversas cores e que viram nas guerras e mobilizações militares – e não só nelas – oportunidades para a obtenção de vantagens das mais diversas. Grupos indígenas, por exemplo, frequentemente se mobilizaram em defesa de seus aldeamentos, ameaçados pelos conflitos, enquanto escravos ou ex-escravos neles vislumbraram a abertura de vias de ascensão social; e todos, trabalhadores compulsórios ou livres, puderam atuar em favor da flexibilização do trabalho e da dominação social, o que quase nunca coincidia com os projetos políticos dominantes.

As atuações de tais agentes nas guerras de independência não devem ser apagadas, tampouco exageradas: quase sempre perdedores no saldo final da história da Independência, praticamente não há indícios de que tenham chegado a esboçar projetos de Estados nacionais ou de nações alternativos àqueles – *brasileiros* – que estavam triunfando ao final de 1823. Talvez tais agentes estivessem simplesmente ocupados demais lutando para sobreviver, movidos por novas possibilidades abertas – mas a eles ainda bastante limitadas – pela vibrante conjuntura política que vivenciaram e, à sua maneira, ajudaram a construir. O projeto de independência majoritário, ao qual aliás muitos desses agentes aderiram, polarizou tal conjuntura em torno de defensores e opositores, embora jamais tenha sido a única expressão de ideias e ações daquela sociedade nacional brasileira que estava se formando.

CONSTITUINTE, CONSTITUIÇÃO E PARLAMENTO

A Independência teve suas bases principais em uma comunhão entre grandes proprietários de terras, comerciantes e senhores de escravos (às vezes uma mesma pessoa era as três coisas ao mesmo tempo) que, cada vez mais envolvidos em assuntos políticos, viram na formação de um governo autônomo do Brasil e na autoridade de D. Pedro um meio de consecução de seus interesses. Em meio a uma grande abertura de possibilidades de futuro que estavam sendo criadas, a defesa de um regime monárquico, com todo seu sistema de benesses nobiliárquicas, assim como uma economia agrária, mercantil e exportadora fortemente baseada na escravidão e no comércio de escravos tornaram-se pautas cada vez mais unânimes entre grandes comerciantes, fazendeiros e altos funcionários reais, que, desde 1808, vinham ganhando com a presença da Corte no Brasil e que com a volta dela a Portugal em 1821 não queriam um rebaixamento de sua condição. No sinuoso e conflitivo caminho que se abriu a partir das adesões, no Brasil, ao constitucionalismo português em 1821 – como vimos, cheio de conexões com caminhos anteriores –, outros grupos sociais também foram mobilizados, mas sem a capacidade de ação e decisão dos mais ricos e poderosos que foram, se não os únicos, sem dúvida os principais protagonistas da Independência. No plano político e ideológico, o constitucionalismo português, inspirado no espanhol, se constituíra em uma poderosa fonte para a gradual conversão dessa comunhão de interesses em um projeto de um novo Estado e de uma nova nação. Com a fundação do Império do Brasil, o ano de 1823 se abria com a necessidade de se levar adiante essa tarefa.

A Assembleia Constituinte do Brasil tinha sido convocada pelo então príncipe regente em 3 de junho de 1822; no ano seguinte, ela foi composta a partir de eleições provinciais realizadas de acordo com uma regulamentação elaborada por José Bonifácio de Andrada e Silva que previa um total de 100 deputados. Porém, quando os trabalhos da Assembleia tiveram início no Rio de Janeiro em 3 de maio de 1823, pouco mais da metade desses deputados estava presente; algumas províncias, inclusive, ainda estavam em guerra. No total, tomaram assento 84 deputados: 4 por Alagoas, 11 pela Bahia, 7 pelo Ceará, 1 pelo Espírito Santo, 1 por Goiás, 1 pelo Mato Grosso, 20 por Minas Gerais, 4 pela Paraíba, 12 por Pernambuco, 8 pelo Rio de Janeiro, 1 pelo Rio Grande do Norte, 4 pelo Rio Grande do Sul, 1 por Santa Catarina e 9 por São Paulo. Deputados posteriormente eleitos por Maranhão, Pará, Piauí e Cisplatina nem chegaram a ocupar seus postos.

A primeira Assembleia Constituinte da história brasileira era também legislativa, e por isso deveria deliberar sobre muitas questões ordinárias. E em se tratando de uma assembleia de um Estado e de uma nação que ainda estavam começando a viver seus primeiros momentos de vida, a tarefa que em 1823 recaía sobre aqueles deputados era ainda mais árdua. Em meio a discussões muitas vezes acaloradas e a embates que podiam ser acompanhados por transcrições publicadas em jornais que circulavam em todo o Brasil, os deputados constituintes fizeram centenas de propostas e indicações sobre diversos assuntos e elaboraram 38 projetos de lei, dos quais 6 se tornaram leis efetivamente aprovadas (em 20 de outubro). Além disso, em 15 de setembro começaram a discutir um Projeto de Constituição. Tudo isso em meio a conflitos com D. Pedro I, cuja autoridade de imperador frequentemente colidia com a autoridade atribuída aos deputados pelas parcelas da sociedade que os elegera. O Brasil deveria ser uma monarquia constitucional, e isso praticamente ninguém negava, a despeito de alguns deputados defenderem um sistema federalista (isto é, uma monarquia menos centralizada); mas os limites de poder entre o monarca e os constituintes não estavam nada claros. Em 12 de novembro, a Assembleia foi abruptamente fechada por ordem de D. Pedro I e vários de seus deputados foram presos, assim como jornalistas que faziam pública oposição a ele. O mais destacado era Cipriano Barata, figura pública de larga experiência e que expunha suas posições políticas, consideradas radicais, no influente jornal *Sentinela da Liberdade*.

A primeira Constituição brasileira foi então elaborada não por uma assembleia de representantes eleitos, mas por um restrito Conselho de Estado formado por seis ministros recém-nomeados pelo imperador e mais quatro homens de sua confiança. Eram eles: João Severiano Maciel da Costa (ministro do Império), Clemente Ferreira (ministro da Justiça), Luís José de Carvalho e Melo (ministro de Negócios Estrangeiros), João Gomes da Silveira Mendonça (ministro da Guerra), Francisco Vilela Barbosa (ministro da Marinha), Mariano José Pereira da Fonseca (ministro da Fazenda), José Egídio Álvares de Almeida, Antônio Luís Pereira da Cunha, Manuel Jacinto Nogueira da Gama e José Joaquim Carneiro de Campos, futuro Marquês de Caravelas e o responsável pela maior parte do texto constitucional. Sua outorga por D. Pedro I ocorreu em 25 de março de 1824.

Dividida em 179 artigos, a Constituição de 1824 preservava a tradicional legitimidade monárquica, contribuindo, porém, para a reinvenção da monarquia em um novo contexto nacional brasileiro. Ela instituía formalmente os poderes Executivo, Judiciário e Legislativo, dividindo este último em Câmara dos Deputados, com representantes eleitos periodicamente, e Senado, com membros vitalícios escolhidos pelo imperador a partir de eleições prévias (ambos começariam a funcionar em 1826). Além disso, a Constituição instituía um quarto poder: inspirado na obra do jurista suíço Benjamin Constant, era o Poder Moderador, uma espécie de instância encarregada de zelar pela manutenção, equilíbrio e harmonia entre os três poderes, e era atribuída ao imperador. A Constituição também referendava uma criação legal do ano anterior: a figura do presidente de província, nomeado pelo imperador, e que deveria governar amparado em um conselho provincial, e criava um Conselho Geral de Províncias. Dentre muitas outras definições importantes, a Constituição estabelecia que a religião católica apostólica romana era a oficial (o culto de quaisquer outras era permitido privadamente) e listava os vários critérios definidores do que seria um *cidadão brasileiro*, e que haviam sido esboçados na Assembleia Constituinte. De acordo com tais critérios, um cidadão brasileiro poderia, inclusive, ser um ex-escravo.

A CIDADANIA EM NOSSA PRIMEIRA CONSTITUIÇÃO

CONSTITUIÇÃO POLÍTICA DO IMPÉRIO DO BRASIL.

EM NOME DA SANTÍSSIMA TRINDADE.

[...]

TÍTULO 2º

Dos Cidadãos Brasileiros.

Art. 6. São Cidadãos Brasileiros

I. Os que no Brasil tiverem nascido, quer sejam ingênuos, ou libertos, ainda que o pai seja estrangeiro, uma vez que este não resida por serviço de sua Nação.

II. Os filhos de pai Brasileiro, e os ilegítimos de mãe Brasileira, nascidos em país estrangeiro, que vierem estabelecer domicílio no Império.

III. Os filhos de pai Brasileiro, que estivesse em país estrangeiro em serviço do Império, embora eles não venham estabelecer domicílio no Brasil.

IV. Todos os nascidos em Portugal, e suas Possessões, que sendo já residentes no Brasil na época, em que se proclamou a Independência nas Províncias, onde habitavam, aderiram a esta expressa, ou tacitamente pela continuação da sua residência.

V. Os estrangeiros naturalizados, qualquer que seja a sua Religião. A Lei determinará as qualidades precisas, para se obter Carta de naturalização.

Art. 7. Perde os Direitos de Cidadão Brasileiro

I. O que se naturalizar em país estrangeiro.

II. O que sem licença do Imperador aceitar Emprego, Pensão, ou Condecoração de qualquer Governo Estrangeiro.

III. O que for banido por Sentença.

Art. 8. Suspende-se o exercício dos Direitos Políticos

I. Por incapacidade física, ou moral.

II. Por Sentença condenatória a prisão, ou degredo, enquanto durarem os seus efeitos [...]".

(Disponível em: <http://www.planalto.gov.br/ccivil_03/constituicao/constituicao24.htm>. Acesso em 10 out. 2021).

A Constituição de 1824 foi referendada por câmaras municipais de todo o Brasil, mas sua vigência jamais foi tranquila. De cara, a maior resistência foi em Pernambuco, onde o fechamento da Constituinte foi visto como uma traição do imperador à agenda liberal-constitucional que guiara todo o processo de independência. Um governo provisório foi formado na província, que rejeitou a Constituição em 6 de junho; um mês depois, foi proclamada a "Confederação do Equador". Liderado por Manuel de Carvalho Pais de Andrade (1744-1855) e frei Joaquim do Amor Divino Caneca (1779-1825), dentre outros, o movimento de Pernambuco – mais uma importante contestação política, apenas sete anos depois da Revolução de 1817 – foi duramente reprimido pelo governo imperial. Muitos de seus participantes foram presos e 11 deles terminaram executados.

Nas décadas seguintes, a Constituição do Império passaria por muitas reformas, e desde então o Brasil conheceu outras sete Constituições. Nenhuma delas jamais aboliu formalmente os poderes Executivo, Legislativo e Judiciário estabelecidos em 1824.

O RECONHECIMENTO INTERNACIONAL

É costume afirmar-se que após 1822 o Império do Brasil *manteve* a unidade territorial da antiga América portuguesa. Isso não é verdade. Para que as aspirações de independência e de unidade pudessem convergir, o Brasil teve que *construir* um novo território; afinal, como vimos anteriormente, não era nada certo que, uma vez independente, o Brasil conseguiria reunir em um mesmo corpo político um conjunto de províncias tão variadas, com interesses e projetos políticos por vezes frontalmente contrários, como eram, digamos, Minas Gerais e Pará (uma fortemente independentista, a outra ainda muito ligada a Portugal); ou então o Rio Grande de São Pedro e o Maranhão (a primeira conectada ao Rio de Janeiro e à América espanhola, a segunda distante do centro-sul e próxima ao Pará e a Pernambuco). Além disso, o novo território deveria ser *nacional*, isto é, bem delimitado e integrado por estruturas estatais, e não *colonial*, pouco integrado e articulado principalmente por uma metrópole externa. Não houve, portanto, manutenção. De quebra, convém deixar de lado também as afirmações igualmente comuns e inadequadas de que o Brasil manteve a escravidão e a monarquia. Também essas duas coisas foram *recriadas* nos primeiros anos de vida do Império: a primeira, não mais como uma escravidão praticada por um Império Colonial, mas por um Estado nacional; e a segunda, não mais como uma monarquia portuguesa, mas brasileira.

Terminadas as guerras de independência e lançadas algumas das bases políticas, jurídicas e administrativas do Império do Brasil, faltava o reconhecimento internacional da nova ordem nacional. Nas primeiras duas décadas do século XIX já existia um sistema internacional de relações entre Estados, no qual a plena existência de um dependia de seu reconhecimento formal pelo outro (alguns autores afirmam que tal sistema nasceu no século XVII). Com muitos ajustes e profundas reconfigurações, esse sistema existe até hoje; em 1822, era em uma versão anterior dele que o Brasil queria ser recebido, principalmente pelas grandes potências da época.

Vimos no capítulo anterior como desde os primeiros dias de agosto de 1822 o então príncipe D. Pedro vinha anunciando medidas relativas à política externa de sua regência. Nesse mesmo mês, o ministro das Relações Exteriores, José Bonifácio, enviou Felisberto Caldeira Brant como representante diplomático em Londres com a tarefa de tentar obter o beneplácito da Grã-Bretanha ao governo do Brasil; meses depois, sua tarefa se transformou em um esforço pela obtenção do reconhecimento não mais de um governo, mas de um Estado: o Império do Brasil. As negociações nessa direção começaram oficialmente, junto ao ministro britânico Castlereagh, em julho de 1823. O governo imperial esperava que a condição monárquica do Brasil em um continente cercado de repúblicas – a exceção era o Império Mexicano, mas ele só durou até março de 1823 – e o fato de D. Pedro I ser casado com Leopoldina, que era uma princesa austríaca, lhe renderiam um reconhecimento internacional rápido e decidido. Mas não foi bem assim.

O principal obstáculo britânico ao reconhecimento diplomático do Império do Brasil não era surpresa para ninguém: as persistentes e tenazes resistências do Brasil, que vinham desde os tempos de D. João, em acabar com o comércio de escravos da África. Desde 1808, o tráfico negreiro em direção ao Brasil só crescia, e sua extinção já havia sido mencionada em acordos luso-britânicos anteriores, de 1810 (os tratados de aliança e amizade) e 1815 (que estabelecia a abolição do tráfico apenas ao norte da linha do Equador), este com uma adição feita em 1817. Em 1823, tais acordos estavam prestes a expirar, e a Grã-Bretanha estava insatisfeita com suas tímidas consequências práticas em relação àquele ponto. Porém, a Independência e a criação do Império do Brasil tinham ocorrido com base justamente na escravidão e no tráfico negreiro, o que aumentava as resistências brasileiras às exigências britânicas. E para complicar ainda mais a situação, as guerras de independência e a montagem do aparato administrativo do novo Estado vinham demandando grandes recursos financeiros que poderiam ser obtidos junto a banqueiros britânicos. O impasse estava estabelecido.

Os diplomatas imperiais encarregados de negociar o reconhecimento britânico foram instruídos para evitar que sua obtenção fosse condicionada ao compromisso brasileiro com o fim do comércio de escravos. Era difícil, claro, e para o caso disso se revelar tarefa impossível, eles poderiam concordar com a extinção do tráfico em um prazo de oito anos ou, na pior das hipóteses, de quatro. E todos sabiam que um reconhecimento de Portugal, também imprescindível para a consolidação do Império do Brasil, só viria junto com o britânico.

Enquanto se desenrolavam as negociações diplomáticas entre Brasil, Grã-Bretanha e Portugal, os Estados Unidos não perdiam tempo e buscavam se afirmar como um poder político e econômico influente nessa América cheia de novos Estados independentes e de promissoras oportunidades comerciais. A partir de 1822, o governo estadunidense começou a reconhecer vários países hispano-americanos, e em 26 de maio de 1824 recebeu oficialmente em Washington o representante do Brasil, José Silvestre Rebello; o que, na prática, equivalia a um reconhecimento da independência. Semanas depois, em 20 de julho, um representante do Reino do Benin (na África) foi recebido no Rio de Janeiro. E antes de Estados Unidos e Benin, mais exatamente em 23 de junho de 1823, o governo de Buenos Aires – às voltas com suas tentativas de formar e sediar um Estado unificado na região platina, quando ainda não existia uma Argentina – já tinha recebido um representante do Brasil, reconhecendo assim sua existência política. Foi o primeiro ato dessa natureza de nossa história. Mas não se tratava, claro, de um gesto de amizade desinteressado: aos poucos, Rio de Janeiro e Buenos Aires iam ficando à vontade para uma guerra, em torno da Província Cisplatina, que ia ficando cada vez mais próxima.

Formalmente, Portugal estava em guerra contra o Brasil desde quando, em fins de 1822, passara a considerá-lo um reino rebelde. E Lisboa cobrava de Londres uma ajuda militar contra seu inimigo com base nos antigos tratados de aliança firmados quando a Corte de D. João ainda estava no Brasil. O gabinete britânico, porém, interessado na expansão do livre-comércio – daí sua cruzada contra o tráfico negreiro – e no fortalecimento de sua economia britânica no contexto pós-Napoleão, não queria guerras no continente americano. Queria paz e mercadorias circulando.

As negociações triangulares entre Brasil, Portugal e Grã-Bretanha contaram com mediação da Áustria e resultaram no tratado luso-brasileiro de 29 de agosto de 1825 e no britânico-brasileiro de 18 de outubro (este com ajustes posteriores). Por eles, o Império do Brasil comprometia-se com o fim do tráfico, que deveria ser estabelecido por um tratado posterior (ele foi fechado em 1826 e ratificado no ano seguinte e previa três anos de sobrevida para a atividade que, no entanto, continuou a ser praticada até 1850). Já o tratado com Portugal reconhecia o Brasil como um império separado dos reinos de Portugal e do Algarve, e D. João VI "concedia" a D. Pedro I o título de "Imperador", de transmissão hereditária. A guerra luso-brasileira era declarada encerrada, restabeleciam-se as relações comerciais entre os dois países, e o Brasil se comprometia a jamais aceitar a incorporação de outras colônias portuguesas. Essa medida tinha em vista evitar que Angola, Guiné e outros territórios africanos fornecedores de escravos, e por isso fortemente conectados ao Brasil, se separassem do Império Português. Outra cláusula estabelecia que o Brasil deveria pagar a Portugal uma indenização de 2 milhões de libras, e que em termos práticos só poderiam ser contraídas por meio de empréstimos britânicos. E assim, todo mundo deveria ficar feliz. Ainda em 1825, o Império do Brasil foi reconhecido também por França e Império Austríaco; e em 1826, por Suécia, Santa Sé, Suíça, Países Baixos, Dinamarca, Chile, Peru e Colômbia.

O RECONHECIMENTO PORTUGUÊS DA INDEPENDÊNCIA

"Tratado de paz e aliança concluído entre D. João VI, e o Seu Augusto Filho D. Pedro, Imperador do Brasil, aos 29 de Agosto de 1825 [...].

Artigo 1.º – Sua Majestade Fidelíssima reconhece o Brasil na categoria de império independente, e separado dos reinos de Portugal e Algarves, e a seu sobre todos muito amado e presado filho D. Pedro por imperador, cedendo e transferindo de sua livre vontade a soberania do dito império ao mesmo seu filho e a seus legítimos sucessores. Sua Majestade Fidelíssima toma somente e reserva para a sua pessoa o mesmo título.

Art. 2.º – Sua Majestade Imperial em reconhecimento de respeito e amor a seu augusto pai, o Senhor D. João VI, anui a que Sua Majestade Fidelíssima tome para a sua pessoa o título de imperador.

Art. 3.º – Sua Majestade Imperial promete não aceitar preposições de quaisquer colónias portuguesas para se reunirem ao império do Brasil.

Art. 4.º – Haverá de ora em diante paz e aliança e a mais perfeita amizade entre os reinos de Portugal e dos Algarves, e o império do Brasil, com total esquecimento das desavenças passadas entre os povos respectivos.

Art. 5.º – Os súbditos de ambas as nações, portuguesa e brasileira, serão considerados e tratados nos respectivos Estados como os da nação mais favorecida e amiga; e seus direitos e propriedades religiosamente guardados e protegidos; ficando entendido que os atuais possuidores de bens de raiz serão mantidos na posse pacífica dos mesmos bens.

▶ Art. 6.º – Toda a propriedade de bens de raiz, ou móveis, e ações, sequestrados, ou confiscados, pertencentes aos súbditos de ambos os soberanos, de Portugal e do Brasil, serão logo restituídos, assim como os seus rendimentos passados, deduzidas as despesas de administração, seus proprietários indenizados reciprocamente pela maneira declarada no art. 8.º.

7.º – Todas as embarcações e cargas apresadas, pertencentes aos súbditos de ambos os soberanos, serão semelhantemente restituídas ou seus proprietários indenizados.

Art. 8.º – Uma comissão nomeada por ambos os governos, composta de portugueses e brasileiros em número igual, e estabelecida onde os respectivos governos julgarem mais conveniente, será encarregada de examinar a matéria dos Art. 6.º e 7.º, entendendo-se que as reclamações deverão ser feitas dentro do prazo de um ano depois de formada a comissão; e que, no caso de empate nos votos, será decidida a questão pelos representantes do soberano mediador; ambos os governos indicarão os fundos por onde se hão de pagar as primeiras reclamações liquidadas.

Art. 9.º – Todas as reclamações públicas, de governo a governo, serão reciprocamente recebidas e decididas, ou com a restituição dos objetos reclamados, ou com uma indemnização do seu justo valor. Para o ajuste destas reclamações, ambas as altas partes contratantes convieram em fazer uma convenção direta e especial.

Art. 10.º – Serão restabelecidas desde logo as reclamações de comércio entre ambas as nações, portuguesa e brasileira, pagando reciprocamente todas as mercadorias 15 por cento de direitos de consumo, provisoriamente, ficando os direitos de baldeação e reexportação da mesma forma que se praticava antes da separação.

Art. 11.º – A recíproca troca das ratificações do presente tratado se fará na cidade de Lisboa, dentro do espaço de cinco meses, ou mais breve, se for possível, contados do dia da assinatura do presente tratado. [...]."

(Castro, Zília Osório de; Silva, Júlio Rodrigues da; Sarmento, Cristina Montalvão (eds.). *Tratados do Atlântico Sul* – Portugal-Brasil 1825-2000. Brasília: Funag, 2021, pp. 49-52).

As negociações para os reconhecimentos português e britânico da independência atravessaram o ano de 1825 em meio ao agravamento de tensões entre o Império e as repúblicas hispanoamericanas. Em abril daquele ano, um acordo entre autoridades locais da audiência de Charcas, que estava se tornando independente do Império Espanhol, e da província brasileira do Mato Grosso, resultou na momentânea incorporação ao Brasil da província de Chiquitos. Embora não endossado por D. Pedro I, o episódio abriu possibilidades concretas de uma guerra entre o Império do Brasil e as forças independentistas do Alto Peru, talvez também do Peru, da Colômbia e de outros países. A crise de Chiquitos complicou as negociações para o reconhecimento britânico da independência do Brasil, e fez aumentarem as animosidades políticas sul-americanas que contribuíram para a deflagração, em dezembro daquele ano, da guerra entre o Brasil e as Províncias Unidas do Rio da Prata.

As conexões e determinações recíprocas entre as independências do Brasil e da América espanhola, tão intensas nos anos anteriores, agora se convertiam em uma experiência política compartilhada em um contexto não mais de ruptura entre colônias e metrópoles, mas de organização de novos Estados, nações e identidades nacionais. Essa experiência atravessaria todo o século XIX.

A CRISE DO PRIMEIRO REINADO E A ABDICAÇÃO

A despeito dos enormes avanços na consolidação política e institucional do Império do Brasil, o Primeiro Reinado (1822-1831) apresentou severas dificuldades ao governo, ao prestígio e à autoridade de D. Pedro I.

Desde 1822, missões diplomáticas e outras despesas ordinárias estavam onerando o governo do Brasil à medida que ele ia se convertendo em um Estado; para resolver esse problema, duas opções não excludentes se apresentavam: a obtenção de recursos junto a credores do Brasil – com juros pagos em moeda nacional – ou de outros países – com juros em moeda estrangeira. Já naquele ano tinha sido contraído um primeiro empréstimo interno com financistas do Rio de Janeiro, no valor de 400 milhões de réis. Com a criação do Império do Brasil e as guerras de independência, o governo passou a cogitar a contratação de empréstimos externos que, junto com a emissão de papel moeda, poderiam aliviar o peso de uma dívida que estava crescendo; e em começos de 1824 foi obtido o primeiro montante de recursos externos, junto a casas londrinas, no valor de 3 milhões de libras esterlinas divididas em duas parcelas. Era o início da dívida externa brasileira. O compromisso brasileiro de indenizar Portugal em 2 milhões de libras, assumido no tratado de reconhecimento da Independência, bem como o início da Guerra da Cisplatina, em dezembro de 1825, aumentaram a dependência imperial por novos recursos e, em 15 de novembro de 1827, a Câmara dos Deputados decretou a fundação formal da dívida pública (interna e externa). A partir de então, essa dívida só cresceu, com novas obtenções de empréstimos externos e internos, dificuldades do governo imperial em honrar pagamentos e consequentes problemas orçamentários.

O Parlamento, aberto em 1826, esteve sensível à crise econômica do Império, agregando-lhe uma crise política em decorrência dos persistentes problemas de relacionamento com D. Pedro I. Persistentes porque, afinal, eles já tinham se mostrado graves durante os trabalhos da Assembleia Constituinte de 1823; agora, as disputas em torno do lugar da soberania nacional – o monarca ou o parlamento – se aprofundaram com a crescente perda de popularidade de D. Pedro I, agravada pela repercussão negativa das concessões oferecidas à Grã-Bretanha a respeito do fim do tráfico negreiro, definidas nos acordos complementares de 1826 e 1827 e que feriam interesses escravocratas brasileiros; e também com as crescentes dificuldades enfrentadas pelo Império na malfadada Guerra da Cisplatina contra as Províncias Unidas do Rio da Prata, e que no Brasil passou a ser vista, cada vez mais, como um empreendimento pessoal de D. Pedro I, e contrário aos interesses nacionais que preferiam a paz na região platina e o pleno restabelecimento do comércio brasileiro naquela região (a guerra terminaria somente em 27 de agosto de 1828, com mediação britânica, sem vencedores e com a criação da República Oriental do Uruguai). Em meio a tudo isso, a imprensa periódica fez a sua parte e amplificou na nascente sociedade brasileira resistências e ataques cada vez mais contundentes ao imperador.

A abdicação de D. Pedro I, em 7 de abril de 1831, foi, assim, o desfecho de uma longa crise política e econômica que atravessou todo o Primeiro Reinado. Foi, também, o desfecho de uma crise nacional: pois um dos componentes mais importantes da rápida erosão da autoridade do imperador foi a crescente imputação a ele de se preocupar mais com assuntos pessoais e de Portugal do que com os do Brasil, e de ser um monarca ainda português, e não totalmente brasileiro. Essas imputações aumentaram com a morte de seu pai, D. João VI, em 1826, o que deu início a uma disputa pelo trono português envolvendo o irmão e a filha de D. Pedro, Miguel e Maria da Glória, em favor de quem o imperador do Brasil abdicou. No Brasil, essa disputa se somou também à imagem de um monarca pouco liberal e por demais absolutista, despótico e personalista.

O fim do Primeiro Reinado ocorreu em meio a muitas manifestações violentas em várias províncias do Brasil. Ele abriu caminho para a futura coroação de D. Pedro II (ela ocorreria somente em 1840), que, por essa época, era ainda uma criança de 5 anos, mas já visto como um futuro imperador legitimamente nacional. O processo de independência tinha levado ao estabelecimento de um Estado, de uma nação e de uma identidade brasileiros, três fenômenos importantíssimos e que ainda precisariam se consolidar, mas que em 1831 já estavam bem assentados em seus conteúdos fundamentais. Com muitas variações de forma e poucas de conteúdo, eles seriam preservados até chegarem aos dias de hoje.

ESTADO, NAÇÃO E IDENTIDADE NACIONAL

Antes de 1822 não havia nem nação nem identidade nacional brasileiras. Os habitantes do Brasil, desde que fossem livres, eram quase todos portugueses, isto é, súditos do rei de Portugal, cristãos e identificados com a monarquia. Havia portugueses de muitos tipos, mas nenhum deles feria esses critérios. Desde 1808, porém, com a súbita transformação do Brasil em sede da Corte, várias das formas de ser "português do Brasil" foram se politizando, a exemplo do que já tinha ocorrido em fins do século XVIII com algumas identidades coloniais. Nesse processo, ser "americano" também desempenhou um papel importante, uma espécie de mediação entre identidades em transformação. E quando acontecimentos políticos foram se encadeando de maneiras muitas vezes inesperadas, principalmente a partir de 1820, começou a surgir um projeto de independência do Brasil que, dentre outros projetos políticos possíveis, foi ao encontro de uma identidade política brasileira, cada vez mais distinta da identidade portuguesa, mas que ainda não era nacional. E como esse projeto levava à construção de um novo Estado separado do Reino Unido português, foi ocorrendo a associação entre identidade política, Estado e nação, todos brasileiros. Tempos depois, o círculo se fecharia.

A ruptura política entre Brasil e Portugal, portanto, jamais foi uma luta nacionalista, movida por uma nação oprimida. Não foi uma luta de brasileiros contra portugueses, nem uma empreitada de libertação colonial da dominação metropolitana. Foi um processo muito mais complexo, no qual todas essas coisas foram ganhando corpo, não como causas do processo, mas como suas parciais consequências; e uma vez que elas começaram a existir, imediatamente passaram a interagir com o próprio processo que as criara e que ainda estava em curso. Em 1825, uma parte desse processo estava concluída, com o reconhecimento internacional da Independência por dois países decisivos – Portugal e Grã-Bretanha – e o estabelecimento de novas relações entre o Império do Brasil e seus vizinhos continentais. Em 1831, se encerrava outra parte do mesmo processo, uma espécie de nacionalização da independência articulada com a construção do Estado.

Pode-se dizer que a Independência foi concluída, enquanto processo de ruptura do Brasil com Portugal, quando o novo Estado, a nova nação e a nova identidade nacional adquiriram seus fundamentos básicos. Desde então, eles foram constantemente reformados, parcialmente modificados, sempre disputados, e continua a ser assim até os dias de hoje. Mas desde o fim do Primeiro Reinado, essa tríade jamais foi seriamente ameaçada. Com a efêmera exceção da Revolução Farroupilha (1835-1845), ao que parece nunca nenhum movimento sério tentou fundar um novo Estado nacional alternativo. Tampouco quis inventar uma nação ou uma identidade nacional que não fossem brasileiras.

O que não implica, evidentemente, que a história do Brasil seja pacífica, consensual e harmônica. Fundada na violência do escravismo, das guerras externas e internas, da exploração econômica e da desigualdade social, e no embate de interesses e alternativas divergentes, a história do Brasil é, como a de qualquer sociedade, a de parciais vencedores e de parciais perdedores; de tendências majoritárias afirmando-se sobre forças minoritárias; de hierarquias de poder construídas pela própria história. Contudo, e no espírito da letra do grande sociólogo Florestan Fernandes (1920-1995), os metafóricos "circuitos fechados" da história jamais são eternos: eles são fechados ou abertos por homens e mulheres reais, que assim constroem sua própria história como podem, como querem e como conseguem. É bem provável que o Estado, a nação e a identidade nacional brasileiras criados pela Independência sigam por um bom tempo sendo aquilo que, em linhas gerais, eles têm sido desde então; mas também continuarão sujeitos a ser, em alguma medida, aquilo que brasileiros e brasileiras fizerem deles.

Historiografia
e memória
da Independência

P ara além de seus profundos e duradouros efeitos sobre a realidade brasileira, nos últimos 200 anos a independência do Brasil foi sempre considerada um objeto digno de ser estudado. Desde então, ela vem sendo observada, analisada e explicada como parte de uma *historiografia*. Simultaneamente, ela sempre foi também coletivamente lembrada e instrumentalizada como parte de uma *memória*. Foi assim que, com diferentes motivações e em variados contextos, a Independência continuou sua *história*. Não mais como processo de separação política entre o Brasil e Portugal, nem de construção de um Estado, uma nação e uma identidade nacional, pois essas coisas já foram definidas em seus contornos básicos há tempos; mas como história de uma permanente articulação entre conhecimento do passado, interesses do presente e projeções de futuro que, em nosso país, sempre tiveram na Independência um tema central. Como historiografia e como memória, a Independência continuou a servir de pretexto para que o Brasil olhasse para si mesmo.

Vejamos a seguir algumas características da historiografia da Independência desde seus primeiros passos até os dias de hoje. Em seguida, trataremos de alguns aspectos da memória da Independência. Finalmente, concluiremos apresentando o que os brasileiros em geral pensam sobre a Independência e o que esses pensamentos revelam sobre o que é nosso país e como ele projeta no passado alguns de seus problemas do presente.

HISTORIOGRAFIA

Um grupo de pesquisa do qual o autor deste livro faz parte realizou um levantamento de tudo o que já se escreveu sobre a história do Brasil dos anos compreendidos entre 1808 e 1831. O resultado foi a identificação de aproximadamente 16 mil obras, das quais muitas trataram direta ou indiretamente da Independência. É um volume enorme, muito diversificado e que não para de crescer. Mesmo assim, é possível se escrever uma História da historiografia da Independência (alguns já o fizeram). A seguir apresentaremos apenas um pequeno esboço de suas linhas principais.

A História da independência do Brasil começou a ser escrita durante o próprio processo, e não por historiadores. Ela teve início com escritos de imprensa, panfletos, relatos de viajantes estrangeiros, leis, decretos e proclamações oficiais, e escritos de representantes diplomáticos que, por diferentes motivos e a partir de variadas posições políticas, estavam interagindo diretamente com os acontecimentos. Nessa interação, seus autores precisavam criar versões acerca dos acontecimentos recentes que justificassem e fortalecessem suas próprias posições pessoais, ou simplesmente quiseram registrá-los e documentá-los para a posteridade.

Foi assim que a ideia de alguns dos próprios protagonistas da Independência, segundo a qual o que estava acontecendo se distinguia de outros processos similares por seu caráter supostamente pacífico, ordeiro e controlado, passou para a historiografia posterior, incorporando-se a uma autoimagem dos brasileiros em relação à sua história que, com parciais modificações, perdura até os dias de hoje. Também foram eles os primeiros responsáveis por assinalar marcos cronológicos e distinguir certos personagens como tendo supostamente desempenhado papéis especiais no desenrolar dos acontecimentos.

A primeira obra historiográfica diretamente voltada à Independência também foi escrita por um desses personagens envolvidos na própria Independência. De autoria de José da Silva Lisboa, o livro *História dos principais sucessos políticos do Império do Brasil* (1826-1830) não chegou a ser concluído, mas deixou marcas importantes. Em se tratando de encomenda realizada por D. Pedro I justo em um momento de declínio público de sua autoridade, não é de se espantar que a obra tenha elevado o então imperador do Brasil à condição de grande responsável pela Independência, vista ademais como uma transição pacífica e altamente positiva. Pouco depois, o inglês John Armitage publicou sua *History of Brazil* (1836), na qual interpretava a separação entre Brasil e Portugal como um movimento também positivo, de progressiva superação da ordem colonial em direção a uma ordem liberal baseada na atividade mercantil que, segundo ele, "civilizava" os povos. Essas duas primeiras Histórias sistemáticas e formais da Independência se mostrariam bastante influentes por muito tempo.

Em profunda associação com a consolidação do Estado, da nação e da identidade nacional brasileira que estava em curso nas primeiras décadas após a Independência, começou a se desenvolver uma escrita da História do Brasil entendida por seus autores e instituições promotoras como uma contribuição àquela consolidação.

Tratava-se de um fenômeno comum a outras partes do mundo no século XIX que via na valorização do passado uma fonte imprescindível para a existência dos novos países que estavam surgindo. Com nuances em cada um deles, esse tipo de História tendia a exaltar grandes feitos e personagens do passado, deles extraindo lições e inspirações cívicas, pedagógicas e morais para a nação. No caso do Brasil, um marco desse tipo de historiografia foi a criação, no Rio de Janeiro, do Instituto Histórico e Geográfico Brasileiro (1838), que serviria de modelo para a proliferação de instituições semelhantes, mas de menor alcance, por todo o país (o que ajudaria a valorizar a diversidade espacial da Independência).

Mas o mais importante historiador da Independência no século XIX não estava vinculado diretamente à instituição: ele foi Francisco Adolfo de Varnhagen, que escreveu uma *História da Independência do Brasil* (publicada somente em 1916, após a sua morte) pensada como uma continuação de sua *História geral do Brasil* (editada a partir de 1854). Observando o processo de Independência em diversas províncias, com base em uma grande quantidade de fontes primárias e organizando informações factuais até hoje bastante úteis aos historiadores, Varnhagen interpretou a Independência como um processo natural de desenvolvimento do Brasil a partir – e não contra – da colonização portuguesa. Um processo inevitável e necessário, acelerado por alguns fatores como a transferência da sede do império português para o Brasil, a política supostamente "recolonizadora" das Cortes de Lisboa e, principalmente, a atuação de seu grande líder, D. Pedro.

UM HISTORIADOR CANÔNICO DO SÉCULO XIX

"Recapitulando, cumpre-nos concluir, dizendo que, se bem que, segundo a ordem natural dos acontecimentos, ao Brasil devia, como a quase todas as colônias, chegar o dia da sua emancipação da metrópole, a apressaram muito a vinda a ele da família real; e, depois da retirada de El-Rei D. João VI, contribuíram a facilitá-la a promulgação das instituições constitucionais e os arbítrios injustos e despóticos, em meio destas, resolvidos pelas Cortes de Lisboa, e não menos o apoio generoso e franco, que veio a dar-lhe o próprio herdeiro da coroa, levado, providencialmente, de concessão em concessão, na certeza de que com isso contribuía a evitar maiores males.

E, meditando bem sobre os fatos relatados, não podemos deixar de acreditar que, sem a presença do herdeiro da coroa, a Independência não houvera ainda talvez nesta época triunfado em todas as províncias, e menos ainda se teria levado a cabo esse movimento, organizando-se uma só nação unida e forte, pela união, desde o Amazonas até ao Rio Grande do Sul.

Terminamos, pois, saudando, com veneração e reverência, a memória do príncipe *Fundador do Império*."

(VARNHAGEN, Francisco Adolfo de. *História da Independência do Brasil*. 7. ed. Belo Horizonte/ São Paulo: Itatiaia/Edusp, 1981, pp. 258-259).

No século XIX e começo do XX, muitos autores escreveram importantes obras a respeito da Independência, alguns dos quais reforçaram as ideias de Silva Lisboa, Armitage e Varnhagen, enquanto outros introduziram esquemas interpretativos próprios, ora elogiando ora condenando a colonização portuguesa, destacando este ou aquele personagem, com maior ou menor ênfase em fontes primárias, e quase todos sublinhando as peculiaridades – eventualmente também a superioridade – do processo histórico brasileiro em relação aos de outros países daquela época.

Alguns exemplos de historiadores e obras que contribuíram para essa direção são: João Manuel Pereira da Silva, *História da fundação do Império Brasileiro* (1864-1868); Luís Antônio Vieira da Silva, *História da Independência da província do Maranhão* (1862); Alexandre de Melo Moraes, *História do Brasil-reino e Brasil-império* (1871-1873); Manuel Bonfim, *América Latina, males de origem* (1903); Euclides da Cunha, *Da Independência à República* (1906); e também José Francisco da Rocha Pombo, autor de livros didáticos muito lidos à época. No contexto do Centenário da Independência (1922), que tendeu a renovar os aspectos laudatórios e nacionalistas da historiografia oitocentista, podem ser mencionados: Francisco de Assis Cintra, *D. Pedro I e o grito da independência* (1921); Max Fleiuss, *Cem anos de Independência* (1922); Affonso de Taunay, *Grandes vultos da Independência brasileira* (1922); Braz do Amaral, *História da Independência na Bahia* (1923); Pedro Calmon, *História da Independência do Brasil* (1923); e Tobias Monteiro, *História do Império: a elaboração da Independência* (1927). Mas o escritor mais significativo desse contexto foi, sem dúvida, Manuel de Oliveira Lima, autor de *O movimento de independência* (1922), mas que antes já tinha escrito um livro importante: *D. João VI no Brasil* (1908). Para o autor, a Independência foi um "desquite amigável" com Portugal.

A partir da década de 1930, a historiografia brasileira em geral começou a ser renovada em seu conjunto, o que impactou a historiografia da Independência. Autores como Gilberto Freyre, Caio Prado Júnior e Sérgio Buarque de Holanda estabeleceram a centralidade do passado colonial do Brasil para a compreensão de suas mazelas no presente e, em perspectiva crítica, esvaziaram consideravelmente os tradicionais componentes laudatórios e nacionalistas de boa parte da historiografia anterior. Essa perspectiva abarcava muitas dimensões sociais, econômicas, políticas e culturais da realidade brasileira passada e presente, e inspirou direta ou indiretamente autores que, mesmo não sendo voltados à Independência, formularam importantes juízos a seu respeito. São os casos, dentre outros, de Florestan Fernandes e Raimundo Faoro. Nos anos 1950 e 1960, as mais inovadoras e impactantes obras sobre a Independência foram a *História dos fundadores do Império do Brasil* (1957), de Octávio Tarquínio de Sousa, em dez volumes, e que criteriosamente inseriram a atuação de personagens canônicos da Independência em seus contextos históricos e sociais mais amplos; e *As razões da Independência* (1965), de Nelson Werneck Sodré, que enfatizou a abrangência internacional do processo, em especial suas relações com a Grã-Bretanha e o Rio da Prata.

A exemplo do que ocorrera com o Centenário da Independência, o Sesquicentenário (1972), comemorado oficialmente no período mais duro da ditadura brasileira então em vigência, também fortaleceu abordagens historiográficas laudatórias, personalistas e nacionalistas, muitas das quais, contudo, continuaram sendo ricas em informações e no uso de fontes primárias. Um bom exemplo, nesse novo contexto, são as obras de Hélio Vianna. No entanto, um aporte historiográfico contrário, fortemente crítico, já estava disponível à historiografia brasileira naquela ocasião, e nos estudos sobre a Independência resultaria em trabalhos de variado escopo, como os de Emília Viotti da Costa, Fernando Novais e Maria Odila da Silva Dias e Carlos Guilherme Mota, todos eles em forte sintonia com historiografias críticas também de outros países. Ainda na década de 1970, a vultosa obra de José Honório Rodrigues, *Independência: revolução e contrarrevolução* (1975-76), em cinco volumes, merece destaque: pois a despeito de sua inadequada insistência em uma interpretação nacionalista da Independência, ela dedicou de maneira incomum várias passagens a temas pouco explorados pela historiografia, como as guerras da independência e a participação nela de mulheres, índios, negros e pobres em geral.

Desde então, a Independência foi sendo cada vez mais valorizada pela historiografia, principalmente à medida que foram sendo superados seus ranços de uma História "oficial" e seus conteúdos laudatórios e nacionalistas (mas que jamais desapareceram por completo, seja da historiografia, seja da memória coletiva). A Independência foi ganhando enfoques cada vez mais plurais e estudos cada vez mais aprofundados, baseados na leitura de novas fontes primárias e na releitura de outras já conhecidas, mas que não cessam de se abrir a novos olhares. Também foi ficando mais feminina e diversificada espacialmente tanto em termos de temas – na senda aberta por Varnhagen – quanto de procedência de autores e autoras. O resultado é uma produção volumosa, dinâmica, plural e fascinante, concentrada em programas de pós-graduação de universidades de todo o país, mas jamais confinada a eles. Mencionar nomes de seus principais representantes é tarefa difícil e certamente implicaria enormes injustiças para com nomes silenciados. Mesmo assim, uma boa amostragem desse panorama pode ser encontrada em três obras coletivas ainda fortemente atuais: *Independência: história e historiografia* (2005), organizada por István Jancsó; *A Independência brasileira: novas dimensões* (2006), coordenada por Jurandir Malerba; e *De um império a outro: formação do Brasil, séculos XVIII e XIX* (2007), dirigida por Wilma Peres Costa e Cecília Helena Oliveira.

Em meio a tanta coisa que já se produziu sobre a independência do Brasil, é possível se chegar a uma resposta consensual sobre suas principais características? É muito difícil. Mas é preciso tentar. As páginas anteriores deste livro já ofereceram uma síntese, respeitosamente baseada em muitas obras anteriores e acrescentando-lhes algumas pitadas de interpretação pessoal: a Independência foi um processo histórico revolucionário, fundado em uma nova concepção de tempo e responsável por profundas inovações em muitas dimensões da realidade brasileira que se fazem sentir até os dias de hoje, muito embora não tenha transformado toda a sociedade (os aspectos conservadores da Independência são igualmente marcantes, sem dúvida). Foi também um processo de múltiplos tempos, dimensões e lugares, todos com suas características específicas, mas que convergiram em uma mesma unidade histórica, uma "experiência" que, em começos do século XIX, aproximou a independência do

Brasil de processos políticos em curso em outras partes do mundo, sobretudo na Europa, na América espanhola, na América do Norte e na África.

Evidentemente, há muitas outras possibilidades interpretativas complementares ou mesmo diferentes dessa breve síntese. Que o leitor interessado saiba encontrá-las e se quiser, com o tempo, o rigor e a disciplina necessários a qualquer estudo aprofundado, consiga cotejá-las; o que sem dúvida torna o aprendizado de qualquer tema ainda mais interessante.

Atualmente, em meio a muitos afazeres profissionais – aulas, pesquisas, orientações, publicações, participações em reuniões acadêmicas, colaborações com sistemas de ensino, consultorias públicas e privadas –, ademais não muito bem remunerados, os historiadores da Independência, assim como os de outros temas, têm se dedicado cada vez mais à divulgação pública de seus saberes em canais de imprensa, redes sociais e outros espaços de circulação de conhecimento. Não é uma atividade nova: em décadas passadas, e sem os recursos do mundo digital, vários historiadores já tinham a ela se dedicado; só que agora ela tem sido muito mais intensa. É um trabalho árduo de capacitação de públicos nem sempre predispostos ao pensamento crítico e ao aprendizado de coisas novas, acostumados ao consumo de materiais que, pelo menos no tocante à história da Independência, podem até ter forte apelo mercadológico, mas muitas vezes são de baixa qualidade.

MEMÓRIA

A memória da Independência começou a ser construída junto com a historiografia; isto é, quando o processo de separação entre Brasil e Portugal ainda estava em curso. Como vimos antes, as primeiras versões sobre a Independência não estavam interessadas tanto em compreendê-la, mas principalmente em justificá-la; e assim elas foram criando narrativas que exageravam, distorciam, selecionavam e omitiam fatos, datas e personagens. Também foi assim com a memória da Independência. E desde que elas surgiram, juntas, elas jamais deixaram de ser recriadas, e por isso os historiadores puderam sempre se dedicar tanto à história da historiografia da Independência como à história de sua memória.

Mas embora historiografia e memória – e não só as da Independência – sejam fenômenos muitas vezes próximos, há uma diferença fundamental entre elas: enquanto a historiografia sempre precisou de documentos, verificações, comprovações e algum tipo de crítica, à memória basta que, de alguma maneira, o passado possa servir a determinados interesses do presente. Sem dúvida, há muitos casos em que a memória não se assume como tal, preferindo se apresentar à sociedade como portadora de verdades, de preferência supostamente incontestáveis; e em alguns casos, a memória até pode ter sido construída com base em sólidas e criteriosas verdades. Mas a sua preferência não é pela verdade, e sim pela verossimilhança – isto é, a aparência de verdade, pois é assim que a memória melhor convence.

Em nosso país, a memória da Independência está por toda parte: nos milhares de ruas, avenidas, praças e monumentos que trazem em seus nomes evocações de fatos e personagens a ela ligados; nos calendários cívicos e celebrações que todo ano, e com variações municipais, estaduais e nacionais, querem que os brasileiros se vejam como participantes de uma mesma história nacional; em sistemas e instituições escolares; e em uma enormidade de escritos, imagens e sons que, de maneiras muito diversificadas, tocaram no tema da Independência e deram sua contribuição para que ela fosse vista como parte central desse passado comum. Sempre houve convergências, mas também disputas e embates, em torno dessas visões e evocações da Independência que, em conjunto, formam sua memória. E além de se modificar ao longo dos anos, ao sabor de diferentes contextos e usos do passado que são feitos nesses contextos, a memória da Independência varia de acordo com os espaços onde ela se manifesta: Rio de Janeiro, Pernambuco, Bahia,

São Paulo, Maranhão, Rio Grande do Sul, Ceará, Minas Gerais e outros estados brasileiros, bem como regiões e municípios, sempre acrescentam temperos típicos de cada um a essa ideia de um passado comum e que tem na ruptura entre Brasil e Portugal um de seus pontos centrais.

Vamos observar apenas um dentre numerosos componentes dessa memória: o célebre quadro de Pedro Américo, *Independência ou morte!* Ele ainda é, sem sombra de dúvida, a imagem mais convencional e poderosa da memória da Independência, embora seja também – e a despeito de excelentes trabalhos acadêmicos a seu respeito – um dos pontos mais mal interpretados dessa memória pelos brasileiros em geral.

Pedro Américo de Figueiredo e Mello nasceu em 1843, em Areia, na Paraíba, filho de uma família de modesta condição socioeconômica. Seu pai incentivou seu precoce gosto pelas artes, e ainda criança Pedro recebia encomendas da comunidade local. Tendo chamado a atenção do presidente da então província da Paraíba, foi recomendado e passou a ser patrocinado diretamente pelo imperador D. Pedro II. Assim, o pintor foi estudar no Rio de Janeiro, na Academia Imperial de Belas Artes, e depois de passar por temporadas na Europa tornou-se um reconhecido e prestigiado artista.

Sua mais famosa realização foi uma ideia autoral própria, pensada em associação com a construção do grande monumento do Ipiranga (hoje um museu), em São Paulo, próximo ao local dos acontecimentos de 7 de setembro de 1822. A ideia dessa construção remontava a 1824, tendo sido retomada em 1869, mas só deslanchou mesmo na década de 1880. E foi em 1886 que Pedro Américo propôs pintar uma tela que ocuparia um lugar nobre no edifício, destinado a ser um dos grandes lugares da memória da Independência. A tela ficou pronta em Florença, em 1888, e o edifício que a abrigaria foi inaugurado em 1895.

O que vemos na tela? O próprio pintor nos ajuda a responder em um texto que escreveu para justificar seus procedimentos e escolhas históricas e estéticas. Não se trata de uma imagem supostamente perfeita dos sucessos de 7 de setembro de 1822, e Pedro Américo não teve a intenção de fazer uma descrição imagética exata e fiel da história. Seu objetivo era diferente: elaborar uma *representação*; isto é, oferecer o significado de algo que não corresponde exatamente ao que se vê, mas que se obtém pela contemplação do que se vê. Assim, o que está sendo representado não é, propriamente, *a Independência* ou *um fato histórico*, mas uma *concepção de nacionalidade brasileira* e um *sentimento de ser brasileiro*.

Mas claro que essa representação deveria ser não apenas eficiente do ponto de vista da mobilização desse sentimento, mas também correta e bela do ponto de vista estético-formal – afinal, trata-se de uma representação sob forma de pintura. Para atingir seu objetivo, Américo se baseou em fontes históricas e estava, sim, atento a certas verdades históricas nas quais ele e muita gente à sua época acreditava. Mas essas verdades não implicavam – repitamos – uma descrição exata do ocorrido; antes elas se inclinavam para a ideia de verossimilhança: o que mais importava não era *o que ocorreu*, mas o que *poderia ter ocorrido*. O pintor sabia, aliás como qualquer um que lesse os relatos das testemunhas de 7 de setembro de 1822, que D. Pedro montava uma mula, que ele estava com problemas digestivos, que naquele momento não deveria haver por perto ninguém de fora da comitiva etc. Mas se sua intenção era despertar e exaltar um sentimento, e não descrever nem ensinar o que tinha realmente ocorrido, ele precisava fazer uma criação artística que, de modo convencional, atingisse seus objetivos. E convenhamos que nem uma mula nem uma diarreia contribuiriam nessa direção.

AS INTENÇÕES DE PEDRO AMÉRICO

"É difícil, senão impossível, restaurar mentalmente, e revestir das aparências materiais do real, todas as particularidades de um acontecimento que passou-se há mais de meio século; principalmente quando não nos foi ele transmitido por contemporâneos hábeis na arte de observar e descrever.

A dificuldade cresce na proporção da necessidade que tem o artista – espécie de historiador peado pelas exigências da estética e pelas incertezas de tradição – de individual circunstâncias, de cuja veracidade se pode duvidar, e que nem sempre por serem reais merecem a atenção da história e a consagração do belo.

Um quadro histórico deve, como síntese, ser baseado na verdade e reproduzir as faces essenciais do fato, e, como análise, em um grande número de raciocínios derivados, a um tempo, da ponderação das circunstâncias verossímeis e prováveis, e do conhecimento das leis e das convenções da arte.

A realidade *inspira*, e não *escraviza* o pintor. Inspira-o naquilo que ela encerra digno de ser oferecido à contemplação pública, mas não o escraviza o quanto encobre, contrário aos desígnios da arte, os quais muitas vezes coincidem com os desígnios da história.

E se o historiador afasta dos seus quadros todos os incidentes perturbadores da clareza das suas lições e da magnitude dos seus fins, com muito mais razão o faz o artista, que procede dominado pela ideia da impressão estética que deverá produzir no espectador a sua obra."

(AMÉRICO, Pedro. "O Brado do Ipiranga ou a Proclamação da Independência do Brasil". In: OLIVEIRA, Cecília Helena; Mattos, Claudia Valladão de. *O brado do Ipiranga*. São Paulo: Edusp/Museu Paulista, Imesp, 1999, pp. 19).

E assim, D. Pedro se vê envolto em um redemoinho, um turbilhão criado pelos cavalos e pelo terreno: é o "instante pregnante" de que falou um estudioso das imagens, Jacques Aumont: como ocorre em tantas outras pinturas e imagens na história da arte, esse instante produz deliberadamente uma quebra narrativa e temporal entre um "antes" e um "depois". No caso da obra de Pedro Américo, a quebra é entre um Brasil colônia e um Brasil independente, e é reforçada pelo gesto de braços e espadas levantados, típico símbolo de um tempo futuro. E todos os personagens da cena gravitam em torno de D. Pedro, o elemento central e catalizador da nação e do sentimento nacional ali representados.

E afinal, como fica o "povo"? Ora, Pedro Américo o incluiu: ali está ele, no canto esquerdo inferior da pintura. Há quem diga que isso mostra como o povo de fato não participou da Independência: estupefato e à margem do redemoinho central da cena, nela ele não desempenha qualquer papel ativo. Essa interpretação só faria sentido se Pedro Américo estivesse de fato nos contando uma história verdadeira (e na qual nós acreditássemos), de algo que teria mesmo acontecido daquele jeito, e não fazendo uma representação. Também há quem diga que, ao pintar esse povo assim, foi o pintor que quis excluir, por conta própria, o povo de sua representação da Independência. Essa segunda possibilidade até é plausível, mas quem quiser defendê-la não se esqueça do óbvio: o povo está, sim, incluído na cena. Por que, então, o pintor não preferiu simplesmente ignorá-lo?

Por um lado, porque ele viu a possibilidade do elemento popular acrescentar à cena um elemento estético-formal que, de acordo com convenções de fins do século XIX, permitia identificar aquele cenário como sendo São Paulo: esse povo é um típico "caipira" paulista, presente em abundância também na obra de outro pintor contemporâneo de Américo, o paulista José Ferraz de Almeida Júnior (1850-1899). Por outro lado, naquela época uma parte da sociedade brasileira continuava afeita – como infelizmente até hoje – a ideias de defesa e de justificativa da desigualdade social; e Pedro Américo, que não era comunista, socialista nem jacobino, não estava alheio a elas. A própria historiografia da Independência poderia esposar tais ideias, considerando que o povo tinha sido, sim, incluído no processo de Independência, mas em uma posição natural e positivamente inferior. Euclides da Cunha, por exemplo, em um texto de 1905, afirmou que por volta do ano de 1815 "o espírito nacional, apesar da situação inferior da massa da colônia, começara a despertar"; e especificamente sobre os acontecimentos de 7 de setembro de 1822, que "o interessante episódio da viagem que levara o Príncipe a S. Paulo, com o seu efeito – em nada modificou o curso natural dos fatos. Apenas teve, diante da compreensão tarda e rudimentar do povo, a clareza sugestiva das imagens, e deu-lhe a minúcia singularmente valiosa de um símbolo".

É bem provável que o célebre autor de *Os Sertões* estivesse interpretando a já conhecida tela de Pedro Américo. Ou será que foi ele que inspirou, em conversas anteriores, o também célebre pintor? Não importa, pois ambos pensavam a mesma coisa: o povo era parte da Independência e da nação brasileiras, só que era um povo inferior, rudimentar e incapaz de compreender o que tinha acontecido em 1822. Defendiam, portanto, uma inclusão social que inferiorizava e rebaixava esse povo.

Pedro Américo, *Independência ou morte!*
(1888, Museu Paulista).

Por fim, há quem diga que Pedro Américo, além de um falsificador da história – imputação que, como vimos, não tem fundamento –, era também um plagiador. Afinal, *Independência ou morte!* seria uma cópia parcial de obras de outros artistas, principalmente da tela *1807, Friedland* (1875), de Ernest Meissonier. Em fins do século XIX a ideia de plágio na pintura já existia; mas não foi esse o caso de Pedro Américo. A história da arte é, em parte, a história de inspirações, releituras e citações cruzadas entre autores, e com a pintura nunca foi diferente. O entendimento de um quadro muitas vezes passa por seu diálogo estético-formal com outros quadros, e isso era absolutamente normal e até desejável em fins do século XIX. O quadro *1807, Friedland* foi, então, uma inspiração para *Independência ou morte!*, e tal conexão, ao invés de depor contra o pintor brasileiro, apenas joga a seu favor. Pois mostra que ele dominava muitos dos fundamentos de composição pictórica recomendados pelo contexto em que vivia e atuava.

Ernest Meissonier, *1807, Friedland*
(1875, The Metropolitan Museum of Art).

Resumindo: a mais duradoura e impactante imagem da independência do Brasil não é uma mentira, falsificação ou plágio, é apenas uma criação. E o foco de seu autor não era propriamente a Independência, mas, a partir dela, a nação e a identidade nacional brasileiras, cuja mobilização, por meio dessa pintura, ele julgava necessária e eficiente (o governo brasileiro que a comprou também). E quem já teve a oportunidade de ver esse quadro *in loco* pode até se opor às versões da nação e da identidade defendidas por Pedro Américo, de seu rebaixamento do povo, da glorificação de D. Pedro ou mesmo da necessidade de mobilização dos sentimentos nacionais que a tela quis provocar. Mas será muito difícil discordar de sua eficiência. Trata-se de um elemento de memória extremamente poderoso, e não seria o único produzido por seu autor: o mesmo ocorreu com *Tiradentes esquartejado* (1893), pintado também em Florença (onde Pedro Américo faleceria em 1905), e que dispõe os restos de um personagem histórico tornado herói apenas pelo recém-instaurado (1889) governo republicano brasileiro, de modo a desenhar um mapa do território brasileiro. Mais uma vez, tratava-se de uma representação da nacionalidade, e não de uma descrição histórica. Ou alguém acredita que o pintor realmente achava ou queria nos convencer de que Tiradentes, além de ser quase igual a Jesus Cristo, após ser esquartejado ficou com as partes de seu corpo exatamente nesta posição?

Pedro Américo, *Tiradentes esquartejado*
(1893, Museu Mariano Procópio).

Todo e qualquer elemento da memória da Independência deve ser, antes de mais nada, abordado dessa perspectiva: não propriamente como um documento falsificado ou mentiroso da história, mas como um documento acerca da época, do autor e da sociedade em que ele foi feito. Toda memória conta, antes de mais nada, a sua própria história, e não a história que ela toma como pretexto para a sua existência.

OS BRASILEIROS E A INDEPENDÊNCIA

Essa banalização dos componentes da memória da Independência como simples promotores de mentiras e falsificações se insere em um conjunto mais amplo de atitudes dos brasileiros em relação à sua história em geral. Todo mundo que estuda e se interessa pelo conhecimento do passado deve ter em mente que uma determinada sociedade está o tempo todo produzindo não apenas condições de conhecimento desse passado, mas também valores em relação a ele. Segundo algumas características mais gerais dessa sociedade, a história pode ser importante, desprezível, cultivada, combatida, valorizada, silenciada, manipulada, negada, priorizada, ignorada, instrumentalizada etc. Tudo isso envolve a historiografia e a memória, mas vai muito além delas: trata-se de uma *cultura de história* que não apenas auxilia uma sociedade a pensar a si mesma, mas também oferece condições para que ela aja concretamente em relação ao passado.

Culturas de história distribuem suas atitudes em relação ao passado de maneira desigual: certos personagens ou acontecimentos, por exemplo, podem ser valorizados enquanto outros são desprezados. Também podem se manifestar segundo as preferências distintas de certos grupos sociais, políticos, culturais e identitários: um personagem pode ser cultuado por um grupo e abominado por outro. Todas essas atitudes estão sempre mudando, embora apresentem certos denominadores comuns ao longo do tempo e também mudem de acordo com cada país. O que um chinês, um iraquiano, um mexicano ou um brasileiro pensam e fazem em relação à história sempre apresentará características próprias de cada país. E, dentro deles, também haverá muitas variações regionais.

Nos últimos 200 anos, a Independência continuou sua história não apenas pelas mãos de seus historiadores, ou pelos usos do passado promovidos e endossados por agentes e lugares de memória. Ela também continuou viva nos valores e nas atitudes do brasileiro em meio à sua cultura de história. E nesse ponto, percebe-se duas posturas fortemente atuais do brasileiro em relação à Independência e que traduzem posturas mais amplas de nosso país em relação ao passado. Por um lado, há a ideia depreciativa da Independência, manifestada com algumas variações: ela teria sido uma grande mentira, uma comédia protagonizada por pessoas ridículas e caricatas, um simples acordo entre elites, nada mais do que a passagem de um colonialismo português a um britânico, uma não revolução, um processo pacífico e sem grandes comoções, um acontecimento restrito a meia dúzia de pessoas e sem a participação da imensa maioria da sociedade da época. Por outro lado, ainda prevalece a ideia de que a Independência foi o momento glorioso e triunfal do nascimento de um país maravilhoso, protagonizada por grandes heróis e heroínas, a libertação da nação brasileira contra a opressão colonial, ou uma continuidade civilizacional (branca, cristã e monárquica) dos elevados valores do colonizador luso e europeu.

Atentos a tais posturas sem jamais endossá-las estamos nós, historiadores, buscando explicar a Independência em termos mais adequados do que de costume, mas também tentando entender o que aquelas posturas revelam acerca do nosso país. Isso é observável em muitos materiais que não são propriamente nem historiografia nem memória da Independência, embora possam carregar algumas marcas e influências de ambas e que possuem um duplo significado: pautam ideias dos brasileiros sobre a Independência, mas sobretudo traduzem ideias que os brasileiros já possuíam antes de ter contato com tais materiais. Nesse sentido, a imensa maioria dos materiais de divulgação sobre a Independência não ensina nem qualifica seus leitores-consumidores: apenas reforça aquilo que eles já sabem ou pensam, mantendo-os confortavelmente em seu lugar.

Alguns exemplos desses materiais, todos eles de grande circulação e apelo mercadológico, são os livros de Laurentino Gomes, *1808* (2007) e *1822* (2010), de Leandro Narloch, *Guia politicamente incorreto da História do Brasil* (2011) e, de Mary Del Priori, *A carne e o sangue* (2012); as minisséries *O Quinto dos Infernos* (dir. Wolf Maya e Alexandre Avancini, 2002), *É muita História: dia de fúria* (dir. João Carrascoza e Pedro Bial, 2007 – baseada no livro *Brasil: uma história*, de Eduardo Bueno, que é também o ator principal da série) e *Brasil paralelo: a última cruzada*, em especial o 4º Episódio, "Independência ou morte" (2017); e o filme *Bonifácio: o fundador do Brasil* (dir. Mauro Ventura, 2018). Em todos eles se observam claramente as oscilações e as disputas narrativas entre uma História da Independência que vai do ridículo, cômico e inferior ao glorioso, devocional e nacionalista.

Em meio a essas duas posturas opostas, que muitas vezes comparecem aos mesmos materiais – o que mostra que as duas têm apelo junto ao público consumidor –, percebem-se pelo menos seis denominadores comuns: 1) um desprezo pela organização rigorosa do passado, que leva ao embaralhamento de datas e períodos e a muitos erros de informação; 2) uma ênfase em datas, mesmo que erradas, mostrando uma dificuldade de se conceber a história por meio de processos; 3) a projeção ao passado de valores e visões de mundo do presente, o que leva a distorções interpretativas que, por vezes, são disfarçadas como se fossem liberdades artísticas; 4) uma ênfase em poucos e especiais indivíduos – quase sempre os mesmos – como se fossem eles os responsáveis exclusivos pelos processos históricos, o que revela uma grande dificuldade de se interpretar a história por meio de forças sociais; 5) um tratamento anedótico e tendente à vida privada – preferencialmente afetiva e sexual –

desses indivíduos, como se a história fosse por eles movida; e 6) de algum modo, a autoridade da História acadêmica é sempre evocada: por meio de consultorias técnicas, de materiais consultados por seus produtores, de conversas informais ou mesmo por autores de primeira mão; no entanto, essa autoridade é invariavelmente usada como fonte de legitimação, e não como fonte de verdadeiro aprendizado. As conclusões da História acadêmica quase nunca são incorporadas às versões da História não acadêmica.

Tais posturas são tendências gerais e não descrições totais e perfeitas das atitudes e ideias dos brasileiros em relação à história da Independência e a de nosso país em geral. São, principalmente, polos organizadores de uma grande pluralidade de outras posturas mais específicas. Mesmo assim, é possível perceber como elas indicam uma sociedade que tem dificuldade de pensar historicamente. E pensar historicamente nunca é pensar só o passado, mas também o presente e o futuro. No entanto, se essa é uma situação que convém mudar, que nos sirva de incentivo a constatação de que, cada vez mais, ela indica também uma sociedade que, ao contrário do que ainda é costume se afirmar, se interessa, sim, pela história. Seja a de seu país ou qualquer outra. E que uma parcela significativa e potente dessa sociedade parece disposta a se capacitar e se envolver na reversão dessa situação.

O futuro da Independência

As efemérides históricas são, como quaisquer mobilizações sociais sazonais e regulares, bons pretextos para o reforço dos laços que integram os indivíduos à sua comunidade; naturalmente, também para a renovação periódica dos interesses dessa comunidade pelo seu passado, pela sua história. Em muitos lugares elas são ainda ocasiões propícias a usos políticos do passado que acabam promovendo vulgarizações, distorções, manipulações e exaltações em torno de personagens, fatos e processos históricos; em situações mais extremas, podem ainda reforçar xenofobias, nacionalismos e outras violências semelhantes. E sempre que isso ocorre, lá estão os historiadores e outros profissionais do pensamento crítico a estudar as efemérides, a história da qual elas partem e a História que elas recriam para, simplesmente, delas extrair outros significados, sentidos e verdades.

É por isso que as efemérides são sempre momentos propícios à multiplicação de discursos e contradiscursos, podendo se constituir em ocasiões de exclusão, mas também de criatividade artística, científica, política e intelectual. Tudo isso para dizer que o fato de haver independência do Brasil todo ano pode ser uma coisa boa. E o fato de a cada 10, 50, 100 ou 200 anos haver uma efeméride ainda mais forte – pois as pessoas adoram números redondos, de preferência os maiores – pode ser uma coisa ainda melhor. Principalmente se as efemérides se derem em contextos de crise social e forem bem utilizadas.

O Bicentenário da Independência encontrou, no Brasil, uma nação, um Estado e uma identidade nacional brasileiros em crise. Golpeados, até. Para quem viveu ou ainda vive esse momento – pois cada pessoa tem seus tempos de vida próprios – ele pode ser ou ter sido de profundas incertezas e temores, agravados por circunstâncias e estruturas históricas que não se limitam ao Brasil, mas alcançam, de variadas formas, todo o mundo. Ou pode não ter tido nada de especial.

Este livro foi escrito nesse contexto e foi por ele influenciado. Porém, seu autor acredita que o conhecimento histórico, embora fincado no presente, tem suas próprias lógicas, procedimentos, sensibilidades, tempos e ritmos. Acredita que o estudo do passado, em última instância, basta a si mesmo. Pois afinal ele nunca é – e isso independentemente da vontade de quem o pratica – apenas um estudo do passado. Não é necessário, portanto, impregná-lo de presente. A natureza do conhecimento histórico já se encarrega disso. E proceder na direção dessa impregnação de forma deliberada costuma comprometer, negativamente, o resultado final da empreitada.

Historiadores odeiam fazer projeções de futuro, e eventualmente até se divertem zombando daqueles que insistem em fazê-lo – afinal, a imensa maioria dos futuros profetizados ou não se realizam ou não chegam a tempo de serem devidamente confirmados. Mas duas coisas podemos afirmar com convicção, sem com isso comprometermos nossa consciência. E com essas duas afirmações, encerraremos este livro.

Primeira afirmação: o Bicentenário da Independência não foi nem será um momento especialmente favorável ao conhecimento da história das causas, dinâmicas e consequências da separação política entre Brasil e Portugal. A maioria dos melhores resultados dessa efeméride estarão inscritos em outro plano: o daquela momentânea explosão de criatividade intelectual acima referida, ainda que sua devida apreciação em tempo real talvez demande que em alguns breves momentos mais agudos se tampe o nariz e os ouvidos e se feche os olhos para que os sofrimentos da vida vivida não obstruam nossas capacidades de raciocínio. No plano da historiografia da Independência, quem já a estudava continuou e continuará a fazê-lo, e quem tinha intenção de nela se embrenhar provavelmente prosseguiu e prosseguirá em seu projeto anterior. No meio disso tudo, simples opiniões de momento, rápidas e circunstanciais – como são aliás as tão convidativas quanto enganosas redes sociais, seu suporte privilegiado – desaparecerão quase que naturalmente. No plano da historiografia, o maior legado do Bicentenário será o fato de ele próprio ter se tornado um grande tema de estudos.

Segunda afirmação: os resultados historicamente mais importantes da Independência sobreviverão e ainda continuarão a existir por muitos e muitos anos. Como vimos nas páginas anteriores, construir uma nação, um Estado e uma identidade nacional é tarefa dificílima que demanda tempo, mobilizações coletivas em larga escala e jamais é o resultado de intenções expressas e deliberadas ou de projetos perfeitos e bem-acabados. Essa construção é sempre resultado de processos históricos demorados, contraditórios e complexos. Por isso mesmo, aqueles resultados não se desfazem de repente, menos ainda pela ação de um único grupo social ou de meia dúzia de indivíduos, por mais poderosos que sejam. Para além da obviedade dessa afirmação, vale constatar, então, que a história da Independência continuará a ser uma história em construção, pois ela não é só aquilo que ela já foi, mas também aquilo que a sociedade brasileira faz e continuará a fazer dela.

Que este livro tenha dado a sua honesta e modesta contribuição à qualificação dessa permanente construção. Nela, pelas pressões do passado, o presente sempre se abrirá, nem que seja um pouco, ao futuro. O que é muito bom. Mas não nos esqueçamos de que o estudo da história só pode ser socialmente útil se ele for sério, criterioso, rigoroso e, afinal de contas, verdadeiro.

Bibliografia

ALEXANDRE, Valentim. *Os sentidos do império*: questão nacional e questão colonial na crise do Antigo Regime português. Porto: Afrontamento, 1993.

ARAUJO, Ana Cristina. "Revoltas e ideologias em conflito durante as invasões francesas". *Revista de História das Ideias* 7, 1985, pp. 7-90.

ASSUNÇÃO, Matthias Röhrig. Miguel Bruce e os "horrores da anarquia" no Maranhão, 1822-1827. In: JANCSÓ, I. (org.). *Independência:* história e historiografia. São Paulo: Hucitec/Fapesp, 2005, pp. 345-378.

BACCI, Massimo Livi. *Breve história da população mundial*. Trad. José Serra. Lisboa: Edições 70, 2013.

BARBOSA, Luciana Coelho. *O pincel é mais forte que a espada:* construção das identidades nacionais de Brasil e Uruguai na obra de Pedro Américo e Juan Manuel Blanes (1830-1889). Porto Alegre, 2018. Tese (Doutorado) – UFRGS.

BARMAN, Roderick J. *Brazil, the Forging of a Nation (1798-1852)*. Stanford: Stanford University Press, 1988.

BELL, David A. *La primera Guerra total:* la Europa de Napoleón y el Nacimiento de la Guerra moderna. Trad. Álvaro Santana Acuña. Madrid: Alianza, 2012.

BERBEL, Márcia Regina. *A nação como artefato*: deputados do Brasil nas Cortes Portuguesas, 1821-1822. São Paulo: Hucitec, 1999.

_____. A retórica da recolonização. In: JANCSÓ, I. (org.). *Independência: história e historiografia*. São Paulo: Hucitec/Fapesp, 2005, pp. 791-808.

BERNARDES, Dênis Antonio de Mendonça. *O patriotismo constitucional*: Pernambuco, 1820-1822. São Paulo: Hucitec, 2006.

BLOCH, Marc. *Apologia da história ou o ofício do historiador*. Trad. André Telles. Rio de Janeiro: Zahar, 2001.

BOSISIO, Izabella Pessanha Daltro. *A religião no calendário oficial*: um mapeamento da legislação sobre feriados no Brasil. Rio de Janeiro, 2014. Dissertação (Mestrado em Antropologia) – Museu Nacional, Universidade Federal do Rio de Janeiro.

BOTELHO, Tarcísio. "A população da América portuguesa em finais do período colonial (1776-1822): fontes e estimativas globais". *Anais de História de Além-Mar*, v. XVI, 2015, pp. 79-106.

CALMON, Pedro. *História do Brasil*. Rio de Janeiro: José Olympio, 1959, v. V.

CARVALHO, José Murilo de; BASTOS, Lúcia; BASILE, Marcello (orgs.). *Guerra literária*: panfletos da independência. Belo Horizonte: Editora UFMG, 2014, 4 v.

CASTRO, Zília Osório de; SILVA, Júlio Rodrigues da; SARMENTO, Cristina Montalvão (eds.). *Tratados do Atlântico Sul* – Portugal-Brasil 1825-2000. Brasília: Funag, 2021.

CINTRA, Francisco de Assis. *D. Pedro I e o grito da Independência*. São Paulo: Melhoramentos, 1921.

CORDEIRO, Janaína Martins. *A ditadura em tempos de milagre*: comemorações, orgulho e consentimento. Rio de Janeiro: FGV Editora, 2015.

COSTA, Emília Viotti da. Contribuição ao estudo da emancipação política. In: MOTA, Carlos Guilherme (org.). *Brasil em Perspectiva*. São Paulo: Difusão Europeia do Livro, 1968.

COSTA, Evaldo; ROSA, Hildo Leal da; MOURA, Débora Cavalcantes de (orgs.). *Memorial do dia seguinte*: a revolução de 1817 em documentos da época. Recife: Arquivo Público Estadual/Cepe, 2018.

COSTA, João Paulo Oliveira e (coord.). *História da expansão e do império português*. Lisboa: A Esfera dos Livros, 2014.

COSTA, Wilma Peres. A independência na historiografia brasileira. In: JANCSÓ, I. (org.). *Independência*: história e historiografia. São Paulo: Hucitec/Fapesp, 2005, pp. 53-118.

_____; OLIVEIRA, Cecília Helena de Salles (org.). *De um império a outro*: estudos sobre a formação do Brasil, séculos XVIII e XIX. São Paulo: Hucitec/Fapesp, 2007.

COUTINHO, Rodrigo de Sousa. *Textos políticos, econômicos e financeiros, 1783-1811*. Lisboa: Banco de Portugal, 1993, 3 t.

CUNHA, Euclides da. *À margem da história*. São Paulo: Editora Unesp, 2018.

DANTAS, Mariana Albuquerque. *Dimensões da participação política indígena*: Estado nacional e revoltas em Pernambuco e Alagoas, 1817-1848. Rio de Janeiro: Arquivo Nacional, 2018.

DIAS, Maria Odila L. da S. *A interiorização da metrópole e outros estudos*. São Paulo: Alameda, 2005.

DICIONÁRIO DE HISTÓRIA DO BRASIL, MORAL E CIVISMO. São Paulo: Melhoramentos, 1973.

DOCUMENTOS PARA A HISTÓRIA DA INDEPENDÊNCIA. Recife: Instituto Histórico e Geográfico de Alagoas, 1972.

FAUSTO, Boris. *História do Brasil*. São Paulo: Edusp, 1994.

FIGUEIREDO, Luciano. O império em apuros: notas para o estudo das alterações ultramarinas e das práticas políticas no Império colonial português, séculos XVII e XVIII. In: FURTADO, J. (org.). *Diálogos oceânicos*: Minas Gerais e as novas abordagens para uma história do Império ultramarino português. Belo Horizonte: Ed. UFMG, 2001, pp. 197-254.

FRANCHINI NETO, Hélio. *Independência e morte*: política e guerra na emancipação do Brasil, 1821-1823. Rio de Janeiro: Topbooks, 2020.

GALVES, Marcelo Cheche. "Sobre las luchas contra la Independencia en la América portuguesa: Los portugueses de la provincia de Maranhão". *Nuevo Mundo-Mundos Nuevos*, 2013.

GODECHOT, Jacques. *As revoluções (1770-1799)*. Trad. Erothildes Barros da Rocha. São Paulo: Pioneira, 1976.

GRUN, Bernard. *The Timetables of History*. 3. ed. New York: Simon & Schuster, 1991.

GUERRA FILHO, Sérgio. *O antilusitanismo na Bahia do Primeiro Reinado (1822-1831)*. Salvador, 2015. Tese (Doutorado) – UFBA-FFCH.

HOLANDA, Sérgio Buarque de. "A herança colonial – sua desagregação". *História geral da civilização brasileira t. II – O Brasil monárquico*. São Paulo: Difel, 1962.

JAMES, C. L. R. *Os jacobinos negros*: Toussaint L'Ouverture e a revolução de São Domingos. Trad. Afonso Teixeira Filho. São Paulo: Boitempo, 2000.

JANCSÓ, István. *Na Bahia, contra o império*: história do ensaio de sedição de 1798. São Paulo: Hucitec/Edufba, 1995.

_____ (org.). *Independência*: história e historiografia. São Paulo: Hucitec/Fapesp, 2005.

_____; PIMENTA, João Paulo. Peças de um mosaico (ou apontamentos para o estudo da emergência da identidade nacional brasileira). In: MOTA, C. G. (org.). *Viagem incompleta*: a experiência brasileira 1500-2000. São Paulo: Senac, 2000.

KANTOR, Iris. *Esquecidos e renascidos*: historiografia acadêmica luso-americana (1724-1759). São Paulo: Hucitec, 2004.

KOSELLECK, Reinhart. *Futuro passado*: contribuição à semântica dos tempos históricos. Trad. Wilma Patrícia Maas & Carlos Almeida Pereira. Rio de Janeiro: Contraponto/PUC-RJ, 2006.

KRAAY, Hendrik. *Days of national festivity in Rio de Janeiro, Brazil, 1823-1889*. Stanford (California): Stanford University Press, 2013.

LANCASTER, H. O. *Expectations of Life*: A Study in the Demography, Statistics, and History of World Mortality. New York: Springer-Verlag, 1990.

LEME, Marisa Sáenz. El império de Brasil y el Primer Reinado 1822-1831. In: PIMENTA, João Paulo (ed.). *Y dejó de ser colonia*: una historia de la independencia de Brasil. Trad. Marisa Montrucchio. Madrid: Sílex, 2021, pp. 151-196.

LYRA, Maria de Lourdes. *A utopia do poderoso império. Portugal e Brasil*: bastidores da política (1798-1822). Rio de Janeiro: Sette Letras, 1994.

MACHADO, André Roberto. *A quebra da mola real das sociedades*: a crise política do Antigo Regime português na província do Grão-Pará (1821-1825). São Paulo: Hucitec, 2010.

MALERBA, Jurandir (org.). *A Independência brasileira*: novas dimensões. Rio de Janeiro: Editora FGV, 2006.

MATTOSO, Kátia M. de Queirós. *Presença francesa no movimento democrático baiano de 1798*. Salvador: Itapuã, 1969.

MAXWELL, Kenneth. *A devassa da devassa*: a Inconfidência Mineira: Brasil e Portugal 1750-1808. 2. ed. Rio de Janeiro: Paz e Terra, 1978.

MONTEIRO, Michelli Cristine Scapol. *São Paulo na disputa pelo passado*: o monumento à Independência, de Ettore Ximenes. São Paulo, 2017. Tese (Doutorado) – FAU-USP.

MOREL, Marco. *Cipriano Barata na sentinela da liberdade*. Salvador: Academia de Letras da Bahia, Assembleia Legislativa do Estado da Bahia, 2001.

MOTA, Carlos Guilherme (org.). *1822*: dimensões. São Paulo: Perspectiva, 1972.

NOVAIS, Fernando A. *Portugal e Brasil na crise do antigo sistema colonial (1777-1808)*. 4. ed. São Paulo: Hucitec, 1986.

OLIVEIRA, Cecília Helena de Salles. *A astúcia liberal*: relações de mercado e projetos políticos no Rio de Janeiro (1820-1824). Bragança Paulista: Edusf/Ícone, 1999.

_____. Independência do Brasil – 7 de setembro de 1822. In: BITTENCOURT, C. (org.). *Dicionário de datas da História do Brasil*. São Paulo: Contexto, 2007, pp. 207-211.

_____. Historiografía y memoria de la independencia. In: PIMENTA, João Paulo (ed.). *Y dejó de ser colonia*: una historia de la independencia de Brasil. Trad. Marisa Montrucchio. Madrid: Sílex, 2021, pp. 339-378.

_____; MATTOS, Cláudia Valladão de (orgs.). *O Brado do Ipiranga*. São Paulo: Edusp, 1999.

PIMENTA, João Paulo. "Portugueses, americanos, brasileiros: identidades políticas na crise do Antigo Regime luso-americano". *Almanack Braziliense*, 3 maio 2006.

_____. *A Independência do Brasil e a experiência hispano-americana (1808-1822)*. São Paulo: Hucitec/Fapesp, 2015.

_____. *Tempos e espaços das independências*: a inserção do Brasil no mundo ocidental (1780-1830). São Paulo: Intermeios, 2017.

_____ et al. "A Independência e uma cultura de história no Brasil". *Almanack*, v. 8, pp. 5-36, 2014.

RAMOS, Eduardo Silva. *Centralização e privilégio*: instituições econômicas e fiscalidade na formação do Estado brasileiro (1808-1836). São Paulo, 2018. Dissertação (Mestrado) – USP.

RAMOS, Rui (coord.). *História de Portugal*. 3. ed. Lisboa: A Esfera dos Livros, 2010.

RODRIGUES, José Honório. *Independência*: revolução e contrarrevolução. Rio de Janeiro: Francisco Alves, 1975-1976, 5 v.

SANTOS, Cristiane Alves Camachos dos. *Escrevendo a história do futuro*: a leitura do passado no processo de independência do Brasil. São Paulo: Alameda, 2017.

SANTOS, Guilherme de Paula Costa. *No calidoscópio da diplomacia*: formação da monarquia constitucional, escravidão e reconhecimento da Independência e do Império do Brasil, 1822-1827. São Paulo, 2015. Tese (Doutorado) – FFLCH-USP.

SILVA, Antônio de Moraes. *Dicionário da língua portuguesa*. Edição comemorativa do primeiro centenário da Independência do Brasil. Rio de Janeiro: Oficinas da Lito-Tipografia Fluminense, 1922, 2 v. (fac-símile da segunda edição, 1813).

SILVA, Camila Borges da. Indumentária. In: OLIVEIRA, C. H.; PIMENTA, João Paulo (orgs.). *Dicionário de história da independência do Brasil*. São Paulo: BBM/Sesc (no prelo).

SILVA, Luiz Geraldo; SOUZA, Fernando Prestes de. Tropas auxiliares e milícias. In: OLIVEIRA, C. H.; PIMENTA, João Paulo (orgs.). *Dicionário de história da independência do Brasil*. São Paulo: BBM/Sesc (no prelo).

SLEMIAN, Andréa. *Sob o império das leis*: constituição e unidade nacional na formação do Brasil (1822-1834). São Paulo: Hucitec, 2009.

_____; PIMENTA, João Paulo. *A Corte e o mundo*: uma história do ano em que a família real portuguesa chegou ao Brasil. São Paulo: Alameda, 2008.

_____; _____. *Naissance politique du Brésil*. Origines de l'État et de la nation (1808-1825). Paris: L'Harmattan, 2019.

SODRÉ, Nelson Werneck. *As razões da independência*. Rio de Janeiro: Civilização Brasileira, 1965.

SOUSA, Maria Aparecida Silva de. *Bahia*: de capitania a província (1808-1823). São Paulo, 2009. Tese (Doutorado) – FFLCH-USP.

SOUSA, Octávio Tarquínio. *Introdução à história dos fundadores do Império do Brasil*. Rio de Janeiro: Ministério da Educação e Cultura, Serviço de Documentação, 1957, 10 v.

SOUZA, Iara Lis Carvalho. *Pátria coroada*: o Brasil como corpo político autônomo. São Paulo: Editora Unesp, 1998.

VARNHAGEN, Francisco Adolfo de. *História da Independência do Brasil*. 7. ed. Belo Horizonte/São Paulo: Itatiaia/Edusp, 1981.

VIEIRA, Luís Otávio. *Origens da imprensa no Brasil*: estudo prosopográfico dos redatores de periódicos editados entre 1808 e 1831. São Paulo, 2019. Dissertação (Mestrado) –FFLCH-USP.

GRÁFICA PAYM
Tel. [11] 4392-3344
paym@graficapaym.com.br